Steffen Kraft

Die Integration des Internet in die Wertschöpfun

Aus der Sicht des deutschen Küchenfachhandels

Bibliografische Information der Deutschen Nationalbibliothek:

Bibliografische Information der Deutschen Nationalbibliothek: Die Deutsche Bibliothek verzeichnet diese Publikation in der Deutschen Nationalbibliografie; detaillierte bibliografische Daten sind im Internet über http://dnb.d-nb.de/ abrufbar.

Copyright © 1999 Diplomica Verlag GmbH
Druck und Bindung: Books on Demand GmbH, Norderstedt Germany
ISBN: 9783838619866

http://www.diplom.de/e-book/217829/die-integration-des-internet-in-die-wertscho-epfungskette

Steffen Kraft

Die Integration des Internet in die Wertschöpfungskette

Aus der Sicht des deutschen Küchenfachhandels

Diplom.de

Steffen Kraft

Die Integration des Internet in die Wertschöpfungskette
Aus der Sicht des deutschen Küchenfachhandels

Diplomarbeit
an der Technischen Fachhochschule Wildau
Fachbereich Betriebswirtschaft/Wirtschaftsinformatik
Prüfer Prof. Dr. P. Gadow
3 Monate Bearbeitungsdauer
Dezember 1999 Abgabe

Diplomarbeiten **Agentur**
Dipl. Kfm. Dipl. Hdl. Björn Bedey
Dipl. Wi.-Ing. Martin Haschke
und Guido Meyer GbR

Hermannstal 119 k
22119 Hamburg

agentur@diplom.de
www.diplom.de

ID 1986
Kraft, Steffen: Die Integration des Internet in die Wertschöpfungskette: Aus der Sicht des
deutschen Küchenfachhandels / Steffen Kraft - Hamburg: Diplomarbeiten Agentur, 1999
Zugl.: Wildau, Technische Fachhochschule, Diplom, 1999

Dipl. Kfm. Dipl. Hdl. Björn Bedey, Dipl. Wi.-Ing. Martin Haschke & Guido Meyer GbR
Diplomarbeiten Agentur, http://www.diplom.de, Hamburg
Printed in Germany

Diplomarbeiten Agentur

Wissensquellen gewinnbringend nutzen

Qualität, Praxisrelevanz und Aktualität zeichnen unsere Studien aus. Wir bieten Ihnen im Auftrag unserer Autorinnen und Autoren Wirtschaftsstudien und wissenschaftliche Abschlussarbeiten – Dissertationen, Diplomarbeiten, Magisterarbeiten, Staatsexamensarbeiten und Studienarbeiten zum Kauf. Sie wurden an deutschen Universitäten, Fachhochschulen, Akademien oder vergleichbaren Institutionen der Europäischen Union geschrieben. Der Notendurchschnitt liegt bei 1,5.

Wettbewerbsvorteile verschaffen – Vergleichen Sie den Preis unserer Studien mit den Honoraren externer Berater. Um dieses Wissen selbst zusammenzutragen, müssten Sie viel Zeit und Geld aufbringen.

http://www.diplom.de bietet Ihnen unser vollständiges Lieferprogramm mit mehreren tausend Studien im Internet. Neben dem Online-Katalog und der Online-Suchmaschine für Ihre Recherche steht Ihnen auch eine Online-Bestellfunktion zur Verfügung. Inhaltliche Zusammenfassungen und Inhaltsverzeichnisse zu jeder Studie sind im Internet einsehbar.

Individueller Service – Gerne senden wir Ihnen auch unseren Papierkatalog zu. Bitte fordern Sie Ihr individuelles Exemplar bei uns an. Für Fragen, Anregungen und individuelle Anfragen stehen wir Ihnen gerne zur Verfügung. Wir freuen uns auf eine gute Zusammenarbeit

Ihr Team der *Diplomarbeiten* Agentur

Dipl. Kfm. Dipl. Hdl. Björn Bedey –
Dipl. Wi.-Ing. Martin Haschke ——
und Guido Meyer GbR ————

Hermannstal 119 k ————
22119 Hamburg ————

Fon: 040 / 655 99 20 ————
Fax: 040 / 655 99 222 ————

agentur@diplom.de ————
www.diplom.de ————

Gliederung

Abbildungsverzeichnis

„[...] Aber was immer wir derzeit mit dem Internet machen, es ist mit Sicherheit primitiv im Vergleich zu dem, was wir damit in Zukunft tun können." [*Myhrvold, N.* (1999), S. 189]

1 Problemstellung

1.1 Darstellung und Zielsetzung

Weit schneller als gedacht, hat sich das Internet in den letzten Jahren zum wichtigsten und offensten Informationsträger der Welt entwickelt. Was lange als Bastelecke von Wissenschaftlern und Technikfreaks galt, wird gerade zum Über-Medium. Fernsehen, Radio, Zeitungen und vieles mehr gibt es schon im Internet. Nirgendwo lassen sich Informationen schneller beziehen und verbreiten. Wer das Internet richtig nutzt, kann Dokumente abrufen, Aktienkurse in Echtzeit verfolgen, in virtuellen Städten Grundstücke errichten oder mit anderen Internetnutzern um fiktive Leben spielen. Musikfans bieten Mitschnitte ihrer Lieblingsinterpreten an, Künstler präsentieren Werke, die nur online existieren, und für jedes noch so ausgefallene Hobby findet man im Netz Diskussionsmöglichkeiten mit Gleichgesinnten.

Die Entwicklung des Internet zum gesamtgesellschaftlichen Phänomen ist aber vor allem mit dessen Kommerzialisierung verbunden. Die zunehmenden Nutzerzahlen lassen das Internet zu einer geeigneten Plattform für die Selbstdarstellung kommerzieller Anbieter werden. Die wachsenden Informationsangebote ziehen andererseits wieder neue Nutzer an. Auf diese Weise entsteht eine dynamische Wechselwirkung, welche die Zuwachsraten des Internet exponentiell steigen läßt. 1998 waren weltweit 116 Millionen Nutzer online; für das Jahr 2001 werden 225 Millionen prognostiziert. In Deutschland liegt der jährliche Zuwachs bei fast 30 Prozent, so daß sich die Zahl von derzeit 7,3 Millionen Anschlüssen mit 10 Millionen Nutzern auf 20 Millionen Anschlüsse im Jahr 2001 erhöhen wird [*Kuri, J.* (1999), S. 160]. Auch die technische Seite stellt in absehbarer Zeit kein Problem dar. Neue High-Speed-Internettechniken verfügen über immer mehr Bandbreite und versorgen den Anwender mit einem stetig fließenden Datenstrom. Diese Entwicklungen eröffnen unglaubliche geschäftliche Möglichkeiten. Das Internet als virtueller Marktplatz, vor wenigen Jahren noch unvorstellbar, ist mittlerweile Realität. Was mit der Präsentation des Unternehmensprofils im Netz begann, hat sich zur Vermarktung neuer

Produkte und Services, zur direkten Kontaktaufnahme zum Kunden und zur Eliminierung von Wirtschaftseinheiten aus den klassischen Distributionswegen entwickelt.

Das Internet hat über die ausschließliche Nutzung als Marketinginstrument hinaus mehr zu bieten. Die Zukunft wird in einer ganzheitlichen Einbindung des Internet in die Wertschöpfungskette liegen. Vor allem junge innovative Unternehmen praktizieren schon heute eine komplette digitale Geschäftsabwicklung. Elektronische Produktkataloge, Online-Warenwirtschaftssysteme, digitale Bezahl-, Produktions- und Distributionssysteme ermöglichen die Ausweitung eigener Absatzmärkte bei gleichzeitiger Reduktion der Kosten. Der sich dadurch ergebende Wettbewerbsdruck zwingt jedes Unternehmen, darüber nachzudenken, wie der Internethandel (E-Commerce) das Geschäft beeinflußt, welche Chancen und Risiken sich ergeben. Noch wiegen sich viele Unternehmen in Sicherheit und verweisen darauf, daß die meisten Online-Shops Zuschußgeschäfte sind und daß der E-Commerce gesamtwirtschaftlich nur eine Nebenrolle spielt. Dennoch zeichnen sich Trends ab, welche die digitale Geschäftswelt in den kommenden Jahren enorm in Schwung bringen werden. In den USA wurden bspw. 1997 bereits zwei Milliarden US-Dollar über das Internet umgesetzt. Im Jahr 2001 werden es nach Schätzungen 20 Milliarden sein [*Schroeder, M./Kossel, A.* (1999), S. 66].

Auch wenn sich die Experten einig sind, daß nur bestimmte Branchen, wie z.B. Tourismusindustrie, Finanzdienstleister und Verlage, gute Erfolgsaussichten im Internet-Geschäft haben werden [*Kossel, A./Wronski, H.-J.* (1998), S. 148], stellt sich für jedes Unternehmen die Frage der Einbindung des Internet in die Geschäftsabläufe.

Der deutsche Küchenfachhandel ist bis auf wenige Ausnahmen bei der Nutzung des Internet noch sehr defensiv. Die meisten Händler und Verbände sind, wenn überhaupt, nur mit einer statischen Homepage im Netz vertreten. Es wird davon ausgegangen, daß der Verkauf eines erklärungsintensiven, schwer visualisierbaren und hochwertigen Produktes wie eine Einbauküche unbedingt die physische Präsenz des Kunden am Point-of-Sale erfordert. Das mag richtig sein, führt aber u.U. dazu, Chancen gänzlich zu ignorieren, die das Internet bei der Rationalisierung der Geschäftsabläufe und des Ausbaus der Absatzmärkte bietet.

Ziel vorliegender Arbeit soll deshalb sein, Möglichkeiten aufzuzeigen, das Internet in die Wertschöpfungskette des Küchenfachhandels zu integrieren. Hierbei wird sowohl die Anwendbarkeit (mittlerweile) klassischer Konzepte dargestellt, als auch untersucht, inwieweit sich durch technische Entwicklungen völlig neue Potentiale der Interaktion mit Kunden und Lieferanten erschließen lassen.

1.2 Vorgehensweise

Zuerst werden die Branchendaten und die Vertriebswege des deutschen Küchenfachhandels untersucht, um festzustellen, ob die Wettbewerbssituation die Unternehmen zwingt, über neue Wege nachzudenken, ihre Marktposition zu behaupten. Dann wird *Porters* Theorie der Wertschöpfungskette vorgestellt, um darauf aufbauend die wertschöpfenden Aktivitäten eines in der Praxis als typisch angenommenen Küchenfachhändlers abzuleiten. Es folgt ein Exkurs zur Erläuterung der Entwicklung, Funktionsweise, Technologien und Nutzerprofile des Internet sowie die Darstellung eines allgemeinen Konzeptes, den Interneteinsatz zu planen.

Der Hauptteil wird sich damit befassen, die wertschöpfenden Aktivitäten des Küchenfachhandels zu durchleuchten, um mögliche Ansatzpunkte für eine sinnvolle Integration des Internet zu erkennen. Sind die relevanten Aktivitäten herausgefunden und die Entscheidung gefallen, das Internet einzubinden, muß die Planung realisiert werden. Auch hierfür wird ein Konzept vorgestellt.

In den letzten Ausführungen werden jene Probleme der Sicherheit erörtert, die dazu beitragen, daß sich die kommerzielle Nutzung des Internet noch nicht in dem Maß entwickelt, wie es eigentlich möglich wäre. Abschließend werden die Ergebnisse zusammengefaßt und ein Blick in die Zukunft gewagt.

2 Zur Ist-Situation des deutschen Küchenfachhandels

2.1 Branchendaten

Zunächst muß man bei der Betrachtung der Küchenbranche unterscheiden zwischen Kü- chenindustrie (Küchenmöbel-, Küchengeräte- und Küchenzubehörhersteller) sowie Küchenhändler, die auf unterschiedlichen Distributionswegen *(Abschn. 2.2)* Komplettküchen (Möbel, Geräte und Zubehör) vertreiben.

Allgemein läßt sich die Umsatzentwicklung in der Küchenbranche als stagnierend beschreiben. Das betrifft sowohl die Küchenindustrie als auch den Kücheneinzelhandel. Nachdem die Umsatzsteigerung der Küchenmöbelindustrie seit Jahren kontinuierlich rückläufig ist, mußte 1997 sogar erstmals seit 10 Jahren ein Umsatzrückgang in Kauf genommen werden *(Abb. 1 u. 2)*.

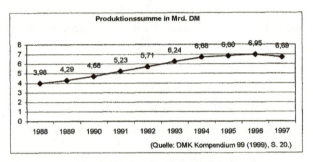

Abb. 1: Produktionssumme der deutschen Küchenmöbelindustrie

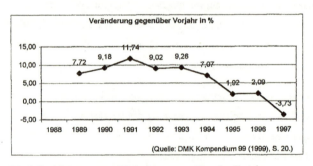

Abb. 2: Produktionssumme – Veränderung gegenüber dem Vorjahr

In den ersten 6 Monaten des Jahres 1998 lag die Entwicklung um knapp sechs Prozent über den Werten des ersten Halbjahres 1997, was wieder ein wenig Anlaß zum Optimismus gab. Allerdings wurde davon ausgegangen, daß das Umsatzplus durch die Umsatzsteuererhöhung zum 01.04.1998 bedingt war und im Laufe des Jahres wieder abflachen würde [o. V. (1999a), S. 20]. Bei der Produktion von Einbaugeräten gestaltete sich die

Entwicklung ähnlich. War noch 1997 der Umsatz um 5 Prozent gegenüber dem Vorjahr gestiegen, betrug die Steigerungsrate 1998 nur noch 3 Prozent; für 1999 wird 1 Prozent vorhergesagt [o. V. (1999a), S. 70].

Diese Zahlen beinhalten allerdings auch die Exporte der jeweiligen Küchenmöbel- bzw. Gerätehersteller und bilden deshalb die Situation im deutschen Kücheneinzelhandel nur bedingt ab. Hinzu kommt, daß der Kücheneinzelhandel natürlich auch Möbel und Geräte importiert, so daß eine differenzierte Betrachtung notwendig ist.

Im gesamten Möbel-, Küchen- und Einrichtungshandel (der Anteil der Küchenmöbel beträgt 21 Prozent) ist der Umsatz 1997 um 4 Prozent zurückgegangen, so daß die Branche ihre frühere Spitzenstellung in der Rangliste des Einzelhandels verloren hat. Auch für den Küchenfachhandel verschärfte sich die Situation. Mitnahme-, Bau- und Heimwerkermärkte sowie Versandhandel bedrängen mit Billigangeboten für Komplett-küchen den Fachhandel und profitieren offensichtlich von den Verbrauchern mit schrumpfender Kaufkraft, die den billigen Küchenkauf bevorzugen [Ebd., S. 27 ff].

Die zukünftige Entwicklung wird von einer Reihe positiver und negativer Faktoren be-einflußt. Die leichte konjunkturelle Belebung wird sich vermutlich fortsetzen. Von den kommenden erbfallbedingten großen Vermögensübertragungen profitiert auch der Kü-chenfachhandel. Der wachsende Ersatzbedarf und die steigende Anzahl an Einpersonen-haushalten sind ebenso positive Aspekte, wie die sich leicht belebende Baukonjunktur und die anhaltende Preisstabilität. Die weitere Polarisierung des Marktes und der anhal-tende Verdrängungswettbewerb in der Branche wird sich dagegen auf den Küchenfach-handel negativ auswirken. Weitere Hemmnisse für eine positive Entwicklung sind die weiterhin hohe Arbeitslosigkeit und das schlechte Konsumklima [Ebd., S. 29]. Damit wird deutlich, was eingangs formuliert wurde und nachfolgende Ergebnisse einer Unter-suchung belegen: Die Branche stagniert.

Um die erwarteten Entwicklungschancen in der Branche festzustellen, führt die Unter-nehmensberatung BBE in Zusammenarbeit mit der Fachzeitschrift DMK regelmäßige Befragungen der Küchenfachhändler durch und verdichtet die Daten zu einem Stimmungsindex[1] (BBE-Index Einzelhandelsklima – Küchen –). Im Januar 1999 konnte eine gute Stimmung unter den Einzelhändlern mit einem Index von 125,48 festgestellt werden, was einer Steigerung um rund 18 Punkte gegenüber November 1997 bedeutet [o. V. (1999b), S. 4]. Im März fiel der Index auf 115,15 und drückte somit zwar eine verhaltene, aber dennoch leicht positive Stimmung aus [o. V. (1999c), S. 4]. Bis zum Juli 1999 allerdings ist er weiter gefallen und lag nur noch bei 104,95 [o. V. (1999f), S. 5].

Es ist festzuhalten, daß für den Küchenfachhandel die Situation nicht befriedigend ist. Die Branche ist von einem harten Wettbewerb gekennzeichnet. Um die Marktmacht der Großanbieter zu schwächen, sind innovative Konzepte anzubieten und die Fachhandelskompetenz zu unterstreichen. Hierfür zeigen sich möglicherweise Chancen für den Einsatz des Internet auf.

2.2 Vertriebswege

Bei der Darstellung der Vertriebswege von Einbauküchen bietet sich die Gelegenheit, den Küchenfachhandel als Begriff abzugrenzen, um für die weitere Abhandlung diesbezüglich Klarheit zu schaffen.

Weltweit hat sich durchgesetzt, daß die moderne Einbauküche eine komplexe Einheit aus Küchenmöbeln, Küchengeräten und Küchenzubehör darstellt, die maßgerecht und in unterschiedlichster Größe den Wünschen und Möglichkeiten der Menschen entsprechend individuell geplant und eingebaut wird. Die richtige Anordnung ist hierbei das wichtigste Wesensmerkmal. Über den Küchenfachhandel werden diese Anforderungen realisiert. Der hiermit verbundene umfangreiche Aufgabenbereich hat den synonymen Begriff des Küchenspezialisten entstehen lassen. Für den Küchenspezialisten sind wichtige Kenntnisse erforderlich, durch die er sich von Anbietern mit anderen Vertriebswegen unterscheidet [o. V. (1996), S. 10f]:

-   Wissen um funktionelle Arbeitsabläufe, Normen und Planungsregeln

-   Überblick über die von den Möbel- und Geräteherstellern angebotenen Erzeugnisse und Typen

---

[1] Bei einem Indexwert von über 100 überwiegen die optimistischen, bei einem Indexwert von unter 100 die pessimistischen Einschätzungen der Firmenentwicklung.

- Werkstoffkunde, Ökologie und Ergonomie

- Grundregeln des Technischen Zeichnens und der einschlägigen Symbole

- Angebotsabgabe, Kalkulation und kaufmännische Auftragsabwicklung

- Computergestützte Küchenplanung.

Händler, die im großen Umfang diese Spezialkenntnisse aufweisen und die somit den klassischen Küchenfachhandel verkörpern, sind Küchenspezialhäuser und Küchenfachmärkte. Einige Möbel- und Einrichtungshäuser mit entsprechenden Abteilungen zählen ebenfalls dazu. Überwiegend steht bei diesen allerdings nicht die Spezialisierung und fachliche Kompetenz, sondern die Vermarktung von preisaggressiven Küchenblöcken im Verbund mit überteuerten Ergänzungen im Vordergrund. Dabei wird versucht, über große Mengen (Masse statt Klasse) die notwendigen Deckungsbeiträge zu erwirtschaften.

Andere Distributionswege sind der Verkauf in Mitnahme- und Baumärkten. Hier werden ebenso wie beim Versandhandel komplette Küchenzeilen mit wenigen Variationsmöglichkeiten preisgünstig angeboten. Beim technischen Fachhandel ist die Kompetenz über verschiedene Sortimente breit verteilt und geht im Küchenbereich nicht in die vergleichbare Tiefe wie beim Küchenfachhandel. Eine weitere Möglichkeit besteht im Vertrieb von Küchen über Bauträger. Hier werden meist Verträge über größere Stückzahlen direkt zwischen Herstellern und Bauträgern unter Umgehung des Fachhandels abgeschlossen. Letztendlich findet auch die Form des Direktvertriebes statt, der aber aufgrund mangelnder Möglichkeiten der Produktpräsentation eine geringe praktische Bedeutung hat.

Vertriebswege für Küchenmöbel, Umsätze in Prozent				
	1995	1996	1997	1998
Möbel- und Einrichtungshäuser	49,5	49,9	49,9	50,3
Küchenspezialhäuser	32,6	31,1	31,4	31,6
Küchenfachmärkte	3,1	4	4,7	3,8
Mitnahmemärkte	5,3	7,2	5,8	6,8
Baumärkte	0,1	0,7	1,1	1
Technischer Fachhandel	6,8	4,8	4,5	2,6
Bauträger	0,8	0,8	1	1,9
Warenhäuser/Versandhandel	1	0,8	1	0,8
Direktverkauf	0,8	0,7	0,6	1,2

Quelle: AMK, in: o. V. (1999d), S. 26.

Abb. 3: Vertriebswege für Küchenmöbel 1995-1998

Abb. 3 zeigt die Anteile der Distributionswege am Gesamtumsatz des Küchenhandels im Zeitvergleich. Der Fachhandel konnte zwar seine Stellung behaupten, gleichzeitig wird aber deutlich, daß die Gefahr besteht, Marktanteile zu Gunsten anderer Vertriebsformen zu verlieren. Insofern erscheint es als notwendig, darüber nachzudenken, wie man die fachliche Kompetenz besser herausstellen und die Bedürfnisse der Verbraucher hinsichtlich Wertigkeit, Design, Ergonomie und Qualität steigern kann. Hierfür kann das Internet ein geeignetes Instrument der Kommunikationspolitik sein. Aufgrund der komplexen Abläufe bei der Planung und kaufmännischen Abwicklung einer Einbauküche, die o.g. Merkmale aufweist, ist der Aufwand und dementsprechend der Preis höher als bei standardisierten Küchenblöcken. Durch den Einsatz computerunterstützter Datenverarbeitung läßt sich der Aufwand nur in gewissem Umfang reduzieren. Die Einbindung moderner Internettechnologien in die Geschäftsprozesse verspricht weitere Rationalisierungsmöglichkeiten. Diese Technologien sind im Küchenfachhandel aufgrund flexiblerer Strukturen gegenüber den Großanbietern einfacher und schneller implementierbar.

3 Die Wertschöpfungskette

3.1 Allgemein nach *Porter*

Wenn man das Internet in die Geschäftsprozesse einbinden will, muß Klarheit darüber bestehen, welche Wertaktivitäten unterstützt werden sollen. Um die Wertschöpfungskette des Küchenfachhandels zu erarbeiten, kann *Porters* allgemeines Konzept von Wertschöpfungsketten als Strukturierungsschema verwendet werden *(Abb. 4)*.

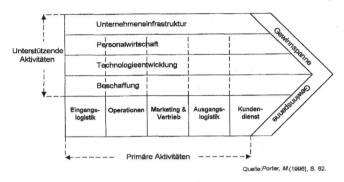

Quelle:*Porter, M.*(1996), S. 62.

Abb. 4: Porters Wertschöpfungskette der Unternehmung

Jedes Unternehmen ist eine Ansammlung von Tätigkeiten, durch die ein Produkt oder eine Dienstleistung entworfen, hergestellt, vertrieben, ausgeliefert und unterstützt wird, wodurch Werte entstehen (Wertschöpfung). Diese Tätigkeiten werden demzufolge als Wertaktivitäten bezeichnet. Im Wettbewerbsrahmen versteht man unter Wert den Betrag, den die Abnehmer für das, was ein Unternehmen ihnen zur Verfügung stellt, bereit zu zahlen sind. Der Wert ist am Gesamtertrag zu messen, wodurch sich die erzielten Preise als auch die verkauften Stückzahlen widerspiegeln. Gewinnbringend arbeitet ein Unternehmen dann, wenn die Kosten für die Erstellung der Produkte oder Dienstleistungen geringer als die Wertschöpfung sind [*Porter, M.* (1996), S. 63 ff].

Die Wertkette zeigt den Gesamtwert und setzt sich aus den Wertaktivitäten und der Gewinnspanne zusammen. Wertaktivitäten setzen jeweils gekaufte Inputs, menschliche Ressourcen und Technologie ein, um ihre Funktionen zu erfüllen. Diese Aktivitäten lassen sich allgemein in primäre und unterstützende (sekundäre) Aktivitäten unterteilen. Während sich die primären Aktivitäten mit der Herstellung, dem Verkauf und der Übermittlung von Produkten bzw. Dienstleistungen befassen, halten die unterstützenden Aktivitäten die primären aufrecht, indem sie für den Kauf von Inputs, Technologie und menschlichen Ressourcen für das ganze Unternehmen sorgen.

In jeder Branche gibt es fünf Kategorien primärer Aktivitäten, die sich in einer Reihe unterschiedlicher, jeweils von der Branche und Unternehmensstrategie abhängigen Unteraktivitäten gliedern lassen. Eingangslogistik bezieht sich als eingehende Aktivität auf die Lieferanten. Operationen, womit die Produktion gemeint ist, stellt eine interne Aktivität dar. Ausgangslogistik, Marketing und Vertrieb sowie Kundenservice werden als ausgehende Aktivitäten bezeichnet [*Alpar, P.* (1998), S. 155 f].

Auch die unterstützenden Aktivitäten lassen sich in eine Reihe einzelner Wertaktivitäten zerlegen. Mit Beschaffung ist die Funktion des Einkaufs, nicht die gekauften Inputs selbst gemeint und findet meist in allen Bereichen des Unternehmens statt. Die Technologieentwicklung besteht aus einer Reihe von Aktivitäten, die sich in Bemühungen um Produkt- und Verfahrensverbesserungen unterteilen lassen. Zur Personalwirtschaft gehören alle Tätigkeiten der Personalbeschaffung, -entwicklung und -freisetzung. Sie ist ebenso Bestandteil verschiedener Unternehmensbereiche. Die Unternehmensinfrastruktur trägt im Gegensatz zu den anderen sekundären Aktivitäten i.d.R. die gesamte Kette und nicht einzelne Aktivitäten. Zu ihr gehören bspw. Geschäftsführung, Planung, Finanzen und Rechnungswesen.

Jedes Unternehmen muß seine eigene typische Wertschöpfungskette definieren. So kann eine der oberen Aktivitäten als weniger bedeutsam erachtet und die Unteraktivitäten einer dargestellten primären Aktivität als besonders wichtig herausgestellt werden.

3.2 Wertaktivitäten im Küchenfachhandel

Bei der Definition der Wertschöpfungskette eines Küchenfachhändlers und bei den weiteren Ausführungen soll von einer typischen mittelständigen Unternehmensstruktur ausgegangen werden. Eine in der Praxis häufig anzutreffende Form ist die eines Mehrfilialunternehmens. Solch ein Unternehmen ist meist in einem regionalen Bereich mit mehreren Küchenstudios an verschiedenen Standorten vertreten. In der Regel verfügen die Unternehmen über ein eigenes oder angemietetes Lager, wo neben der Lagerhaltung auch die Kommissionierung der Einbauküchen erfolgt sowie über einen Liefer- und Montageservice entweder mit eigenem Personal oder über Subunternehmen. Die kaufmännische Bearbeitung der Aufträge (Bestellwesen, Schriftverkehr, Reklamationsbearbeitung usw.) erfolgt zumindest bei kleineren Unternehmen dezentral in den einzelnen Studios. Administrative Aufgaben wie Personalwesen, Lieferantenauswahl, Buchhaltung und Marketing werden zentral vom Geschäftsführer selbst, entsprechenden Mitarbeitern oder durch Fremdfirmen wahrgenommen.

3.2.1 Primäre Aktivitäten

Die primären Aktivitäten lassen sich aus den Prozessen der Auftragsbearbeitung ableiten *(Abb. 5)*.

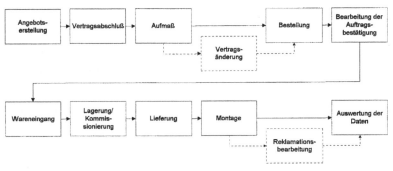

Abb. 5: Prozesse der Auftragsbearbeitung

Zunächst gilt es, aus potentiellen Kunden Käufer zu machen. Dafür sind Werbemaßnahmen, Informationen, Beratungen, Vorführungen, Planungen usw. notwendig. Letztendlich führen diese Aktivitäten zu einem (mehr oder weniger offiziellen) schriftlichen Angebot. Erteilt der Kunde aufgrund des für ihn erarbeiteten Angebots einen Auftrag zur Lieferung von Küchenmöbeln und Geräten, wird ein Kaufvertrag abgeschlossen. Für die weitere Bearbeitung eines Auftrages sind genaue Kenntnisse über die Räumlichkeiten beim Kunden notwendig. Der Verkäufer im qualifizierten Küchenfachhandel führt deshalb ein sogenanntes Aufmaß durch. Das erfolgt entweder vor oder nach Auftragserteilung, bzw. es wird ein Vertrag während des Aufmaßes beim Kunden vor Ort abgeschlossen. Zum Aufmaß gehören das exakte Vermessen der Wandlängen und -winkel, Feststellung der Positionierung von Fenstern und Türen sowie der Überprüfung von Elektro- und Sanitäranschlüssen.

Ist der Vertrag vor Aufmaß abgeschlossen worden, ergeben sich u.U. Abweichungen zu den zuvor vom Kunden übermittelten Angaben, was oft eine Änderung der Planung und somit des Kaufvertrages mit sich bringt. Im Anschluß an das Aufmaß werden die Küchenmöbel, die Elektrogeräte und die Zubehörteile bei den jeweiligen Herstellern bestellt. Diese senden (zumeist auf dem Postweg) ihre jeweiligen Auftragsbestätigungen, die vom

Küchenhändler auf Richtigkeit (Artikel, Menge, Preis, Lieferzeit usw.) zu überprüfen sind. Hier kann es sich ergeben, daß bestimmte Planungen aus technischen Gründen nicht realisierbar sind, was eine erneute Kontaktaufnahme mit dem Kunden und eine entsprechende Umplanung notwendig macht.

Der nächste Schritt ist die Anlieferung der bestellten Teile. Diese werden beim Wareneingang zunächst wieder auf sachliche und mengenmäßige Richtigkeit geprüft und dann gelagert, bis alle zur Einbauküche gehörenden Teile vollständig sind. Dabei ist zu beachten, daß die Teile i.d.R. stark abweichende Lieferzeiten haben. Zu früh gelieferte Ware belegt aber unnötig wertvolle Lagerfläche. Der Zeitpunkt der Bestellungsauslösung bzw. die Avisierung der Lieferungstermine ist entsprechend anzupassen. Wenn die Ware vollständig ist, wird sich mit dem Kunden in Verbindung gesetzt und ein Liefertermin vereinbart. Hierbei sind Aktivitäten wie Tourenplanung und Steuerung von Montagekapazitäten erforderlich. Unmittelbar vor der Lieferung wird die Einbauküche kommissioniert, d.h. alle zur Küche gehörenden Teile werden dem Lager entnommen und bereitgestellt. Damit der Lagerverwalter die Waren bereitstellen kann, müssen ihm Auftragsinhalt und Liefertermin bekannt sein. Im Anschluß an die Lieferung erfolgt die Montage durch das Lieferpersonal oder durch eigens dafür vorgesehene Monteure. Der Küchenverkäufer ist in dieser Phase bestrebt, ständigen Kontakt zum Montageteam zu haben, um vor allem bei komplizierten Planungen die Küchenmontage zu überwachen bzw. Montageanweisungen zu geben.

Vor oder nach der Übergabe und Vorführung der Küche werden vom Kunden möglicherweise Mängel festgestellt und reklamiert. Diesen Mängeln können Planungs- bzw. Montagefehler zugrunde liegen. Desweiteren können Teile falsch oder fehlerhaft angeliefert worden sein. Daraus ergibt sich einerseits, daß der Händler Reklamationen der Kunden gegenüber seinem Küchenfachgeschäft zu bearbeiten hat. Andererseits können Reklamationen des Küchenfachgeschäftes gegenüber den Herstellern von Küchenmöbeln und -geräten auftreten. Da diese Aktivitäten die Ressourcen sehr stark belasten, sollten Mechanismen (bspw. Qualitäts- und Beschwerdemanagementsystem) implementiert werden, um die Anlässe für Reklamationen von vornherein auf ein Minimum zu reduzieren.

Der letzte Schritt der Auftragsbearbeitung ist das Festhalten der in der Abwicklung gewonnenen statistischen Daten. Aus den gewonnenen Erkenntnissen können bei entsprechender Aufbereitung und Auswertung wertvolle Hinweise für das zukünftige Handeln abgeleitet werden.

Weitere Aktivitäten, die sich meist über die gesamte Prozeßkette hinwegziehen, sind die Zahlungsabwicklungen mit dem Lieferanten einerseits, andererseits mit dem Kunden.

3.2.2 Unterstützende Aktivitäten

Wie bereits erwähnt, lassen sich die unterstützenden Aktivitäten in vier Kategorien unterteilen: Unternehmensinfrastruktur, Personalwirtschaft, Technologieentwicklung und Beschaffung.

Die Unternehmensinfrastruktur im Küchenfachhandel besteht aus einer Reihe von Aktivitäten, welche die Wertschöpfungskette als Ganzes stützen. Die Gesamtgeschäftsführung als eine davon ist involviert in Tätigkeiten des gewöhnlichen Betriebes, z.B. Wareneinkauf, Warenverkauf, Ein- und Freistellung von Arbeitskräften sowie außergewöhnliche Geschäfte wie der Kauf von Grundstücken für die Gründung von Filialbetrieben. Daß es hierbei zu Überschneidung mit anderen unterstützenden Aktivitäten kommt, liegt in der Natur der Sache. Die Planung als weitere Aktivität ist ein systematischer Prozeß, der Probleme erkennen und Lösungen aufzeigen soll. Hier gilt es bspw. die zukünftige Umsatz- und Gewinnentwicklung als Zielvorgabe zu erarbeiten und Maßnahmen zur Realisierung abzuleiten. Auch hier besteht eine Wechselwirkung mit anderen Aktivitäten der Unternehmensinfrastruktur wie Finanzen und Rechnungswesen. Finanzen betrifft die Ausstattung des Unternehmens mit Geld und Sachleistungen für den Erwerb von Produktionsmittel (Investitionen) z.B. für Planungscomputer oder die Eröffnung einer neuen Filiale. Das betriebliche Rechnungswesen führt in Form der Buchhaltung eine systematische mengen- und wertmäßige Erfassung, Aufbereitung und Auswertung der Geschäftsvorfälle des Unternehmens durch. Ziel ist es, Informationen sowohl für die Unternehmensführung, als auch für unternehmensexterne Informationsadressaten bspw. Banken zur Verfügung zu stellen.

Zur zweiten Kategorie, der Personalwirtschaft, zählen Tätigkeiten wie Rekrutierung, Einstellung, Aus- und Fortbildung sowie Entschädigung jedweder Art von Personal. Aus der Sicht des Küchenfachhandels gibt es hier eine beachtenswerte Besonderheit. Die überwiegende Zahl des Personals besteht hier aus sogenannten Verkaufsspezialisten. Das

Problem ist, daß es keine Berufsausbildung zum Verkaufsspezialisten im Küchenfachhandel gibt. Dementsprechend haben die Unternehmen Schwierigkeiten bei der Beschaffung qualifizierten Personals. Eine sehr große Bedeutung haben deshalb Aktivitäten der innerbetrieblichen Fortbildung sowie die Motivation, um die Fluktuation möglichst gering zu halten.

Die Technologieentwicklung als dritte Kategorie nimmt im Küchenfachhandel nur eine indirekte Rolle ein. Hauptsächlich besteht hier die Aufgabe darin, sich Informationen über den wissenschaftlich-technischen Fortschritt zu verschaffen. Zum einen sollen die Produkte dem Stand der Technik entsprechen, zum anderen die Technologieentwicklung in die eigenen Wertaktivitäten integriert werden, wie z.B. die Telekommunikation für die Auftragserfassung oder die Büroautomatisierung im Rechnungswesen. Besonders beim Einsatz von EDV in der Küchenplanung ist die Entwicklung sowohl im PC-, als auch im Softwarebereich so rasant, daß es schwierig ist, den Überblick zu behalten. Der Auswahl des richtigen Systems entsprechend der benötigten Anforderungen kommt deshalb eine große Bedeutung zu.

Die Beschaffung beinhaltet die Aktivitäten des Einkaufs von Roh,- Hilfs- und Betriebsstoffen sowie von Anlagegütern. Sie findet i.d.R. in allen Bereichen des Unternehmens statt. Während die Geschäftsleitung z.B. über die Lieferanten und über die in der Ausstellung gezeigten Produkte entscheidet, beschafft das Verkaufspersonal bspw. Büromaterial und die Montageteams ihr benötigtes Werkzeug oder Betriebsstoffe für die Lieferfahrzeuge. Die Kosten der Beschaffungsaktivitäten sind oft nur ein unbedeutender Teil der Gesamtkosten. Verbesserte Einkaufsmethoden können sich aber bedeutend auf Kosten und Qualität der gekauften Inputs auswirken.

3.2.3 Definition der Wertschöpfungskette

Wie zuvor gesehen, erfordert die Einordnung einer Aktivität in die richtige Kategorie ein gewisses Maß an Urteilsvermögen und ergibt sich erst aus dem konkreten Zusammenhang. Ist die allgemeine Kette definiert, lassen sich die Kategorien in einzelne Aktivitäten unterteilen. Die Unterteilung der einzelnen Aktivitäten kann bis zu einer immer stärkeren Eingrenzung noch unterscheidbarer Aktivitäten fortschreiten. Wie weit die Aufgliederung vorangetrieben wird, ist abhängig vom wirtschaftlichen Zusammenhang der Aktivitäten und vom Zweck, wofür die Wertkette analysiert wird [*Porter, M.* (1996), S. 73].

Aus den in den vorangegangenen beiden Abschnitten erarbeiteten Aktivitäten läßt sich für einen Küchenfachhändler folgende Wertschöpfungskette definieren *(Abb. 6)*.

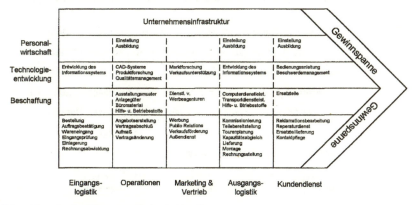

Abb. 6: Wertschöpfungskette eines Küchenfachhändlers

Bevor in den nächsten Abschnitten die einzelnen Aktivitätskategorien auf Nutzungspotentiale für das Internet untersucht werden, wird zunächst eine Bestandsaufnahme der technischen Entwicklung und der Nutzung des Internet vorgenommen.[2]

4   Das Internet

4.1   Entwicklung

Wie viele technische Entwicklungen ist auch das Internet eine Erfindung des Militärs. Als in den 60er Jahren die Gefahren eines Atomkrieges ernsthaft in Erwägung gezogen wurde, griff man auf eines von der US-amerikanischen militärischen Denkfabrik namens RAND Corporation entwickelten Konzeptes zurück. Dieses gab Antwort auf die Frage,

---

[2] Obwohl zu dieser Thematik unzählige Abhandlungen vorliegen, so erscheint es dennoch notwendig, zum weiteren Verständnis auf verschiedene, für diese Arbeit relevante Aspekte einzugehen. Besonders die rasante technische Entwicklung der Internettechnologien erfordert prinzipiell immer die Darstellung des jeweiligen Ist- und des wahrscheinlichen Wird-Zustandes.

wie Regierung und Militär nach einem Atomschlag überhaupt noch kommunizieren können. Der Plan sah vor, ein Computernetzwerk zu schaffen, welches auch dann noch Informationen übermitteln kann, wenn einzelne Knoten zerstört wären. Dieses Netz sollte dezentral organisiert sein, denn eine zentrale Kontrollbehörde, so die Überlegungen, könne ja Ziel eines Angriffes sein [*Pelkmann, T./Freitag, R.* (1996), S. 13].

Die erste praktische Umsetzung in Form eines Netzwerkes erfolgte im Jahr 1969. Dieses sogenannte Arpanet (in Anlehnung an ARPA „Advanced Research Projects Agency" – Behörde des US-Verdeidigungsministeriums) bestand aus vier Knotenrechnern, die vier Universitäten bzw. Forschungseinrichtungen miteinander verbanden. Das Arpanet war das erste Netzwerk, welches auf einer paketorientierten Datenübertragung beruhte. Somit wird das Jahr 1969 als Beginn der Entwicklungsgeschichte des Internet betrachtet. Der weitere Verlauf läßt sich in vier Phasen einteilen *(Abb. 7)*:

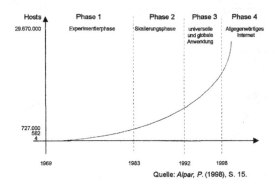

Abb. 7: Entwicklungsphasen des Internet

Die Experimentierphase begann mit der Inbetriebnahme des Arpanet, welches sich in den folgenden Jahren quantitativ und qualitativ weiterentwickelte. Parallel entstanden weitere öffentliche und private Netzwerke, welche allerdings durch unterschiedliche Hardwarearchitekturen geprägt waren. Um die Verbindung dieser heterogenen Netze zu ermöglichen, war ein gemeinsames Protokoll notwendig, das festlegt, nach welchen Regeln Daten zwischen den Netzen übertragen werden. 1974 wurde das TCP/IP (Transmission Control Protocol/Internet Protocol) entwickelt, was als Durchbruch bei der Vernetzung unterschiedlicher paketorientierter Netzwerke galt. Es dauerte jedoch noch bis 1983, bis sich das TCP/IP als Standard etabliert hatte. Mittlerweile wuchs der Netzverkehr so sehr an, daß eine Aufteilung des Arpanet in einen militärischen und einen forschungsorientierten Teil notwendig war. Desweiteren entstanden noch andere unabhängige Weitverkehrsnetze, so daß ein Wendepunkt in der Internethistorie erreicht und eine neue Phase eingeläutet wurde [*Alpar, P.* (1998), S. 15 ff].

In der Skalierungsphase nahm der netzübergreifende Datenverkehr stetig zu, auch begünstigt durch den weitverbreiteten Einsatz des Betriebssystems UNIX, in dem TCP/IP integriert wurde. 1986 entstand das NFSNET, welches in Form eines Backbone-Netzes sechs Supercomputerzentren verband und bald um regionale Netzwerke erweitert wurde. Im selben Jahr wurde das Domain-Adressen-System eingeführt, welches jedem Teilnehmer im Netzverkehr eine eindeutige Adresse zuordnet [Ebd.].

Die universelle und globale Anwendungsphase läßt sich von der vorangegangenen vor allem durch die Einführung eines neuen Dienstes abgrenzen. Das am Kernforschungzentrum CERN in Genf entwickelte WWW (World Wide Web) wurde 1992 implementiert. Das WWW zeichnet sich vor allem durch seine Hypermediafähigkeiten aus und ist somit besonders anwenderfreundlich. Mit der Gründung der ISOC (Internet Society) wurde ein Gremium geschaffen, welches die Koordination der dezentralen Strukturen des Internet versuchte. Dies ermöglichte, auch über Ländergrenzen hinweg Standards zu setzen, wodurch die internationale Verbreitung des Internet gefördert wurde. In dieser dritten Phase begann schließlich der Wandel von einer streng wissenschaftlichen Anwendung zu einer Kommerzialisierung. Darunter ist nicht nur das Entstehen kommerzieller Netzwerke, sondern auch die Anwendung des Internet durch private Unternehmen zu verstehen [Ebd.].

Als Beginn der Phase des allgegenwärtigen Internet kann man 1998 sehen. Bedingt durch technische Entwicklungen, gehen eine Reihe von Anwendungen (bspw. Internettelefonie, E-Commerce) aus dem reinen Versuchsstadium in die tägliche Nutzung über. Damit einher gehen organisatorische Veränderungen, die zur weiteren Marktliberalisierung des Internet führen (bspw. Einführung länderunabhängiger Domain-Namen). Der Zugang zum Internet wird in Deutschland insbesondere durch die 1998 in Kraft getretene Liberalisierung der Telekommunikationsmärkte, verbunden mit einer Senkung der Kommunikationskosten, erleichtert. Durch diese Ereignisse wurde ein Prozeß initiiert, der es möglich erscheinen läßt, daß zur Jahrtausendwende in allen entwickelten Industrieländern das

Internet von allen Bevölkerungsschichten (wenn auch unterschiedlich intensiv) genutzt wird [Ebd.].

Um die quantitative Entwicklung des Internet zu verdeutlichen, ist die Anzahl der angeschlossenen Hosts ein wichtiges Kriterium *(Abb. 8)*.

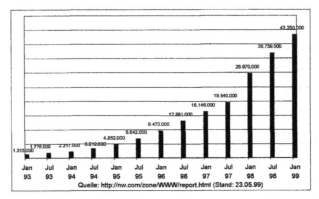

Abb. 8: Anzahl der Host-Rechner

Diese Zahlen sind insofern interessant, da von ihnen auf die Gesamtzahl der Internetnutzer geschlossen werden kann, indem man sie mit der durchschnittlichen Benutzerzahl multipliziert. Diese Größe muß allerdings geschätzt werden und schwankt deshalb stark (zwischen 3 und 10). Je nach Faktor ergibt sich demzufolge eine Gesamtzahl der Internetnutzer von 129.690.000 und 432.300.000. Hinsichtlich der kommerziellen Nutzung des Internet ist natürlich auch eine qualitative Untersuchung der Teilnehmer notwendig *(Abschn. 4.5.)*.

4.2 Funktionsweise

Die Architektur des Internet, d.h. der technische und logische Aufbau, erfolgt nach dem sogenannten Client-Server-Prinzip. Wie man es aus der betrieblichen Datenverarbeitung kennt, stellt ein Server einen Dienst bereit, der von einem Client genutzt werden kann. Auf den Internet-Servern, die i.d.R. von großen Institutionen oder den sogenannten Internet-Providern unterhalten werden, stehen Dienste (Internet-Services) bereit, die den Besuchern angeboten werden [*Pelkmann, T./Freitag, R.* (1996), S. 16]. Prinzipiell kann jeder am Internet angeschlossene Rechner als Client, Server oder beides fungieren, was ein entsprechendes Softwarekonzept notwendig macht. Der Prozeßablauf bei der Client-Server-Kommunikation stellt sich folgendermaßen dar:

1. Client stellt eine Anfrage an Server,

2. Server nimmt die Anfrage entgegen,

3. Server bearbeitet die Anfrage,

4. Server gibt das Ergebnis der Anfrage an Client,

5. Client nimmt das Ergebnis entgegen und wertet es aus.

Am Beispiel des Internet-Service E-Mail (Electronic-Mail) sei dies veranschaulicht. Der E-Mail-Client ist verantwortlich für Erstellung, Versand und Empfang einer Nachricht, während der E-Mail-Server die Nachricht speichert, an andere Server überträgt und Nachrichten von anderen Servern empfängt.

Die Verbindung innerhalb des Client-Server-Systems wird über ein dichtes Netz an nationalen, internationalen und interkontinentalen Datenverbindungen hergestellt. Breitbandige permanente Datenleitungen (Standleitungen) bilden hierbei den Kern der Infrastruktur [*Alpar, P.* (1998), S. 23 f.].

4.3 Zugang/Übertragungstechniken

Derzeit erfolgt der Zugang zum Internet, besonders im Privatanwender-Bereich, hauptsächlich über Modem (max. 56 kBit/s) bzw. ISDN (64 kBit/s). Für die meisten derzeit angebotenen Internet-Services ist damit eine zufriedenstellende Übertragungsgeschwindigkeit gewährleistet. Von diversen Anbietern neu kreierte Angebote, wie Video-On-Demand, Musikstücke in CD-Qualität, Videokonferenzen und Bildtelefonie, setzen aber immer mehr Bandbreite voraus, so daß es nur noch eine Frage der Zeit zu sein scheint, bis die herkömmlichen Übertragungstechniken durch schnellere ersetzt werden.

Diverse xDSL-Technologien, vor allem das von der Deutschen-Telekom angebotene ADSL (Asynchronische Teilnehmeranschlußleitung) sind mittlerweile ausgereift genug, um eine breite Anwendung zu finden. In den kommenden fünf Jahren sollen in Deutschland ca. 70 Ortsnetze (Großstädte und Ballungszentren) mit ADSL-Zugängen ausgestattet sein. Die Geschwindigkeit ist auf 125 kBit/s in Senderichtung (Upstream) und 1,5 Mbit/s in Empfangsrichtung (Downstream) ausgerichtet, läßt sich aber je nach Bedarf skalieren [*Zivadinovic, D./ Kossel, A.* (1998), S. 16 ff].

Eine auf Satellitenfunk basierende Übertragung ist ein weiterer technischer Ansatz. Der Vorteil dieser Technologie im Gegensatz zu anderen Verfahren ist, daß kein Problem der Flächenabdeckung besteht. Teure Satellitentechnik ermöglicht es, daß die Übertragung sowohl up- als auch downstream drahtlos bewerkstelligt wird. Bis allerdings Privatkunden komplett drahtlos surfen, dürften allerdings noch Jahre vergehen. Jene nutzen derzeit noch eine normale Satellitenschüssel für den Datenempfang, müssen aber upstream eine konventionelle Verbindung über Modem oder ISDN aufbauen [Ebd.].

Der derzeit schnellsten Anbindungstechnik, nämlich per TV-Kabel, mangelt es noch an Flächendeckung. Kabelmodems können je nach Modell bis zu 40 Mbit/s übertragen, aber auch hier wird die Telefonleitung als Rückkanal benötigt. In den USA haben jedoch die Unternehmen Cisco Systems und Microsoft eine zugkräftige Allianz mit der Zielstellung gebildet, breitbandige bidirektionale Datendienste per TV-Kabel zu entwickeln und zu vermarkten [Ebd.].

High Speed Zugangstechnologien setzen voraus, daß das Internet die entsprechende Kapazität an Bandbreite zur Verfügung stellt. Verschiedene US-amerikanische Forschungsnetze wie Internet 2 [http://www.internet2.edu], Next Generation Internet NGI [http://www.ngi.gov] und very high performance Backbone Network Services vBNS [http://www.vbns.net] verdeutlichen, daß die Entwicklung in diesem Bereich Schritt hält. In absehbarer Zeit sollen verschiedene Universitäten und Forschungseinrichtungen in den USA mit bis zu 9,6 Gbit/s über Glasfaser vernetzt sein. Beim europäischen Forschungsnetz TEN-155 und dem deutschen Pendant B-WIN [http://www-win.rrze.uni-erlangen.de] sind die Übertragungsraten nicht so hoch, aber in ein bis zwei Jahren sollen auch hier 2,4 Gbit/s erreicht werden. Damit ist aber das Ende der Fahnenstange noch nicht sichtbar. Schon heute existieren rein photonische Netze (die Eliminierung elektrischer Techniken ist Voraussetzung für eine weitere Erhöhung der Bandbreite) auf Versuchsstrecken zwischen München und Wien, die mehr als 40 Gbit/s ermöglichen [*Kuri, J.* (1999), S. 160 ff., *Späth, J.* (1999), S. 157 ff.].

Auch wenn diese neuen Netze zunächst nur Forschungszwecken dienen, so werden die Neuentwicklungen auch dem normalen Internet zugute kommen. Man denke nur an die Entwicklung der ersten Internetgeneration.

4.4 Internet-Services

4.4.1 Das World Wide Web (WWW)

Das noch relativ junge WWW ist ein Anwendungskonzept, das dem Benutzer erlaubt, sich mit sogenannten Hyperlinks anstelle von komplizierten Steuerbefehlen durch das Internet zu bewegen. Hyperlinks sind auf den Internetseiten hervorgehobene Sprunga-dressen, die eine Verknüpfung zu einer anderen Seite darstellen, unabhängig davon, auf welchem Internetserver sich diese befindet. Dadurch wird außerdem ermöglicht, Infor-mationen strukturiert anzubieten und übersichtlich zu gestalten. Das WWW erlaubt die Aufbereitung von Informationen mittels Grafiken, Animationen, Videos, Sounds etc., was einer ansprechenden Darstellung von Inhalten dienlich ist. Dieses Konzept der Look-And-Feel Benutzerführung ist durch grafisch orientierte Betriebssysteme und Softwa-reapplikationen weit verbreitet und erleichtert somit die Überwindung von Zugangsbar-rieren für den Endanwender, wodurch breite Zielgruppen für den Internetmarkt zu ge-winnen sind. Aber auch für Firmen oder Institutionen aller Art bietet das Hypermedia-prinzip des WWW eine optimale Plattform, sich selbst, ihre Produkte oder sonstige In-formationen vor- und darzustellen.

4.4.2 Elektronische Post (E-Mail)

Auch wenn das WWW zur Hochkonjunktur des Internet beigetragen hat, so wird dieser Service doch nicht annähernd so häufig verwendet, wie die Möglichkeit, Post via Internet zu versenden [*Pelkmann, T./Freitag, R.* (1996), S. 22].

E-Mail dient der zeitversetzten Übermittlung von Informationen und Nachrichten und entspricht damit in der Vorgangsweise im wesentlichen der herkömmlichen Briefpost. Dennoch ist das Prinzip faszinierend. In wenigen Sekunden können E-Mails an jedem Punkt der Welt übertragen werden, was meist nicht mehr als eine Telefoneinheit zum Ortstarif kostet. Vergleichbar der Briefpost lassen sich Empfänger und Absender einer Nachricht anhand einer Adresse identifizieren.

Die Vorgehensweise ist folgende: Der Absender entwirft eine Nachricht, versieht sie mit der E-Mail-Adresse des Empfängers und sendet sie an einen E-Mail-Server. Dieser übergibt diese an den E-Mail-Server des Empfängers. Dort wird die Nachricht solange aufbewahrt, bis der Empfänger seine E-Mail-Software startet, eine Verbindung zum Server aufbaut und die Nachricht „abholt". Neben der schnellen Übermittlung über große Entfernungen hinweg bietet E-Mail bzw. die dazugehörige Software eine Reihe weiterer Vorteile [*Alpar, P.* (1998), S. 61 ff.]:

- Übertragung von Bildern, Sound und Datendateien in Form binärer Daten,

- Filter- und Verarbeitungsregeln für eingehende E-Mail und deren Zuordnung zu speziellen Sachbearbeitern,

- Vereinfachte Bedienung durch Adreßbücher und Verteilerlisten bzw. gleichzeitige Benachrichtigung mehrerer Empfänger durch eine E-Mail,

- Um- und Weiterleitung von E-Mail bspw. bei Urlaubsvertretung,

- Datenschutz und Dokumentechtheit durch Verschlüsselungs- und Signaturverfahren,

- Bestätigung des Empfangs bzw. des Lesens der Nachricht durch eine automatisch erzeugte Rückantwort,

- Unterstützung verschiedener Benutzeridentitäten bspw. für dienstliche und private E-Mail.

4.4.3 Weitere Dienste

- **Diskussionsgruppen (News-Groups)**: Eine News-Group entspricht in etwa einem schwarzen Brett, auf dem Nachrichten hinterlegt werden, die von den anderen Mitgliedern gelesen werden können. Ihr großer Vorteil ist, daß sie zielgerichtet sind. Derzeit gibt es weltweit ca. 15.000 News-Groups, wobei sich jede mit einem bestimmten Thema auseinandersetzt. Dadurch ergibt sich eine automatische Klassifizierung der Mitglieder in Marktsegmente [*Emery, V.* (1996), S. 257].

- **Mailinglisten/Listserver**: Ähnlich wie News-Groups sind Mailinglisten Diskussionsgruppen. Allerdings werden hier keine Gruppen besucht, um Nachrichten zu lesen, sondern die Mailingliste, welche von einer Organisation geführt wird, versendet mittels Listserver-Software Nachrichten an die in der Liste eingetragenen Personen. Die Nachrichten wiederum werden von den einzelnen Mitgliedern verfaßt. Unter [http://www.tile.net./tile/listserv/index.html] besteht eine Möglichkeit, sich einen Überblick über die aktiven Listserver-Diskussionsgruppen zu verschaffen.

- **Dateitransfer (FTP)**: FTP (File-Transfer-Protocol) dienst als betriebssystemübergreifendes Protokoll zum Versenden von Dateien jeglicher Art zwischen verschiedenen an das Internet angeschlossenen Rechnern. Der Benutzer meldet sich am FTP-Server mit seinem Paßwort oder anonym an, selektiert die gewünschten Dateien, welche dann an seinen Rechner übertragen werden (Download). Hat der Benutzer einen persönlichen Account, kann die Übertragung auch in die andere Richtung erfolgen.

- **Gopher, WAIS und Archie**: Gopher ist ein Suchdienst im Internet, der Dateien (Texte, Bilder etc.) aufspürt und an den eigenen Rechner überträgt. Mittlerweile ist dieser Service durch spezielle Suchdienste des WWW abgelöst. WAIS steht für Wide Area Information Server und bezeichnet ein System, welches eine Volltextsuche in weltweit verteilten Datenbanken ermöglicht. Archie ist ein Suchdienst zu Lokalisieren von Dateien und Verzeichnissen auf entfernten anonymen FTP-Servern.

- **Telnet**: ermöglicht es, das Internet zu verwenden, um auf Programme, Daten und Hardware eines anderen entfernten Computers zuzugreifen. Ähnlich wie bei FTP unterscheidet man zwischen persönlichen (autorisierter Account) und öffentlichen (guest oder anonymous login) Telnet-Sitzungen.

- **IRC (Internet Relay Chat)**: ist ein Mehrbenutzerdialog-System, bei welchem beliebig viele mit dem Internet verbundene Personen zwar getippte, aber dennoch in Echtzeit ablaufende Unterhaltungen führen. Die Gespräche finden in sogenannten Channels statt, welche thematisiert sind, so daß meist Personen mit gleichen Interessen zusammenfinden.

- **Internet Voice Chat**: ermöglicht das weltweite Telefonieren (zum Ortstarif), in dem das Internet als Übertragungsmedium genutzt wird. Entsprechende Hard und Software vorausgesetzt, läßt sich das System zum Bildtelefon, zur Telefonkonferenz bzw. zur Multicast-Konferenz (Kommunikation mehrerer Personen in Wort und Bild) erweitern.

- **Audio und Videoübertragung:** wird unter Zuhilfenahme entsprechender Client-Software in Echtzeit ermöglicht, wobei die Qualität durch die Bandbreite der Netzwerkverbindung begrenzt ist. Entsprechende Anwendungsgebiete sind die Pay-Per-View-Videoübertragung, Internetradio und -fernsehen etc. In Verbindung mit anderen Diensten wie dem WWW und der integrierbaren Interaktivität mit dem Zuschauer ist dieses Medium sehr interessant [*Alpar, P.* (1998), S. 65 f.].

- **Virtuelle Realität (Virtual Reality, VR):** ist eine Möglichkeit, Inhalte und Zusammenhänge in dreidimensionalen künstlichen Welten darzustellen. In diesen Welten kann man Gegenstände von allen Seiten betrachten und mit ihnen interagieren, indem man sie bspw. anklickt [*Fuzinski, A./Meyer, C.* (1997), 211 f.]. VR stellt außerdem eine neue Variante der zeitgleichen Kommunikation dar. Es ist möglich, die eigene Person in die künstliche Welt zu projizieren, um sie dort nach bestimmten Regeln mit anderen Personen interagieren zu lassen. Auf diese Weise lassen sich reale Szenarien nachbilden oder völlig neue Erlebnisräume schaffen [*Alpar, P.* (1998), S. 95 ff.]. Eine virtuelle Welt mit ca. 110.000 „Einwohnern" ist bspw. Alphaworld [http://www.activeworlds.com].

Natürlich können im Rahmen dieser Arbeit nicht alle Internet-Services vorgestellt und erläutert werden. Die Auswahl erfolgte unter dem Gesichtspunkt, inwieweit sie für die in der Themenstellung genannten Problematik Anwendung finden können. Desweiteren ist eine eindeutige Abgrenzung zu den im WWW angebotenen Diensten (bspw. Suchmaschienen) bzw. integrierten Programmiertechniken (wie Java, Javascript, CGI, Activ-X) kaum möglich; deren Abhandlung würde zu weit führen.

4.5   Derzeitige Nutzerprofile

Die im *Abschn. 4.1* dargestellte quantitative Ermittlung der Internetnutzer reicht nicht aus, um beurteilen zu können, ob und für welche kommerzielle Nutzung das Internet sich eignet. Notwendig ist eine qualitative Analyse der Nutzer, wofür demographische und psychographische Daten erfaßt werden müssen. Die dafür verwendeten Umfragen unterscheidet man nach der zugrunde gelegten Grundgesamtheit in internetinterne und internetexterne Befragungen [*Alpar, P.* (1998), S. 46 f.].

4.5.1 Internetinterne Umfragen

Neben der Tatsache, daß mit Befragungen dieser Art ausschließlich Internetnutzer im allgemeinen und i.d.R. WWW-Nutzer im besonderen angesprochen werden, bevorzugt diese Art der Befragung überproportional die Vielnutzer, bei denen die Wahrscheinlichkeit größer ist, daß sie auf eine solche Umfrage stoßen, die meist als Fragebogen auf WWW-Seiten vorliegt und auf die an verschiedenen Stellen im WWW aufmerksam gemacht wird. Dadurch können Mängel im Umfragedesign entstehen, die wiederum dazu führen, daß Umfragen als nicht repräsentativ anzusehen sind. Dennoch führen diese Befragungen zu interessanten Ergebnissen, besonders, was die Charakterisierung der regelmäßigen Nutzer anbelangt. Bevor man die Ergebnisse verwendet, ist allerdings die Vorgehensweise der Befragung genau zu prüfen.

4.5.2 Internetexterne Umfragen

Da man die Charakteristika der Gesamtbevölkerung gut kennt, können internetexterne Umfragen so gestaltet werden, daß sie für die Gesamtbevölkerung repräsentativ sind. Sie können helfen, die tatsächliche Zahl der Nutzer und deren Demographie zu ermitteln, sind aber auf Grund dessen, daß sie als persönliche bzw. telefonische Befragung durchgeführt werden, vergleichsweise teuer.

Die bekannteste und umfangreichste internetexterne Umfrage stammt von dem US-amerikanischen Marktforschungsunternehmen Nielsen Media Research und wird im Auftrag des Commerce-Net [http://www.commerce.net/stats/] seit 1995 in unregelmäßigen Abständen telefonisch durchgeführt. Die Studie im Herbst 1997 kommt zum zusammenfassenden Ergebnis, daß das Internet in Nordamerika eindeutig zu einem Massenmedium geworden ist. Mehr als 25 Prozent der Bevölkerung nutzen das Internet regelmäßig und nahezu 5 Prozent haben schon Käufe über das Internet getätigt.

Für die Themenstellung interessanter ist natürlich das Verhalten und die Demographie der Internetnutzer in Deutschland. Die Nürnberger Gesellschaft für Konsumforschung hat in Zusammenarbeit mit mehreren Unternehmen zwischen dem 17.11.98 und 25.01.99

zum dritten Mal eine repräsentative Untersuchung durchgeführt, die auch in Zukunft regelmäßig stattfinden soll [http://www.gfk.de/]. Die Grundgesamtheit für die Untersuchung bilden 5.662 zufällig ausgewählte Personen im Alter von 14 bis 59 Jahren in Privathaushalten mit Telefonanschluß innerhalb der Bundesrepublik Deutschland. Die wichtigsten Ergebnisse dieser Studie werden im folgenden dargestellt.

Das Publikum der Online-Medien hat sich innerhalb von 6 Monaten um ca. 40 Prozent vergrößert. 8,4 Millionen Menschen zwischen 14 und 59 Jahren (19 Prozent der Grundgesamtheit) nutzen zumindest gelegentlich das Internet und/oder einen Online-Dienst. Die Reichweite der Online-Nutzung hat bei den 14- bis 19-jährigen überproportional zugenommen. Bei den über 50-jährigen entwickelt sich die Online-Nutzung eher zögerlich. Zahlenmäßig stellen die 20- bis 49-jährigen Personen die größte Gruppe innerhalb des Publikums dar *(Abb.9)*. Nach wie vor überwiegt die Außer-Haus-Nutzung: 5,4 Millionen Menschen nutzen Online-Medien außer Haus gegenüber 4,9 Millionen Personen, die zu Hause online aktiv sind.

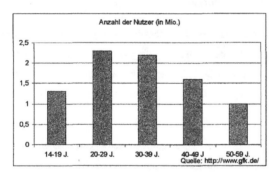

Abb. 9: Anteil der Online-Nutzer nach Altersgruppen

Die informationsorientierten Angebote werden am häufigsten genutzt. Ihre Dominanz verlieren sie jedoch ein wenig. Konkrete und praktische Nutzungsangebote werden dafür bei den Online-Nutzern immer bedeutsamer *(Abb. 10)*. Entertainment-Angebote gewinnen ebenfalls an Bedeutung. 27 Prozent der Online-Nutzer (2,2 Mio. Personen) haben in den letzten 12 Monaten online bestellt bzw. gekauft. Damit ist der Anteil der Online-Käufer um 800.000 gegenüber der letzten Untersuchung (6 Monate zuvor) gestiegen. Die beliebtesten Produkte sind nach wie vor Bücher und Software. CD's können jedoch die höchsten Zuwachsraten verzeichnen. Dienstleistungsangebote wurden bereits von 33 Prozent bzw. 2,8 Millionen Online-Nutzern in Anspruch genommen. Im Frühjahr 1998 waren es noch 1,8 Millionen. Buchungen von Bahn- bzw. Flugtickets sowie von Reisen und Hotels erfahren enorme Zuwächse.

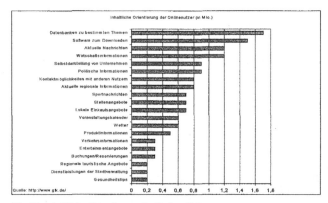

Abb. 10: Inhaltliche Orientierung der Online-Nutzer

Zur Zeit nutzen mehr als doppelt so viele männliche Personen das Internet wie weibliche. Vom Profil der Gesamtbevölkerung ist man damit noch weit entfernt *(Abb11.)*. Das Alter der Online-Nutzer entspricht im wesentlichen dem der Gesamtbevölkerung, nur die 50 bis 59-jährigen sind etwas unterrepräsentiert *(Abb. 12)*. Desweiteren ist festzustellen, daß Personen mit gutem Bildungsniveau *(Abb. 13)* und hohem Einkommen *(Abb. 14)* überproportional online aktiv sind.

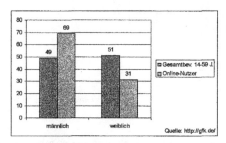

Abb. 11: Online-Nutzer im Verhältnis zur Gesamtbevölkerung nach Geschlecht (in %)

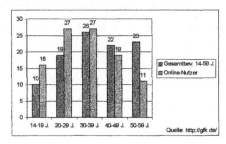

Abb. 12: Online-Nutzer im Verhältnis zur Gesamtbevölkerung nach Altersgruppen (in %)

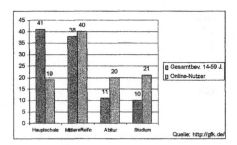

Abb. 13: Online-Nutzer im Verhältnis zur Gesamtbevölkerung nach Schulbildung (in %)

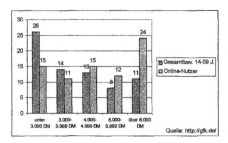

Abb. 14: Online-Nutzer im Verhältnis zur Gesamtbev. nach Haushaltseinkommen (in %)

Man kann festhalten, daß die Online-Nutzer als eine dynamische einkommensstarke Gruppierung zu charakterisieren sind. Dennoch stellen sie eine Minderheit der Gesamtbevölkerung dar. Um weitere Bevölkerungsgruppen einzubeziehen und somit eine befriedigende Reichweite von Endabnehmern zu erzielen, sind vor allem eine bessere Ausbildung in der Nutzung von Kommunikationsnetzen und preisgünstigere Zugänge notwendig [*Alpar, P.* (1998), S. 52]. Für den Küchenfachhandel sind die Internet-Nutzer, aufgrund ihres demographischen Profils (jung und einkommensstark), eine interessante Zielgruppe.

5   Planung des Interneteinsatzes

Der virtuelle Marktplatz verheißt viele Möglichkeiten, birgt aber vor allem auch die Gefahr des unüberlegten Handelns. Die technische und betriebswirtschaftliche Komplexität des Interneteinsatzes veranlaßte viele Unternehmen in der Vergangenheit, nur eine minimale Präsenz zu zeigen, um diese dann, nach und nach, zu erweitern, indem verschiedene Sachen ausprobiert wurden und u.U. eine damit verbundene schlechtere Qualität des Angebotes in Kauf genommen wurde. Schlechte und instabile Angebote werden aber von den vorhandenen und potentiellen Kunden sehr schnell wahrgenommen und führen zu einem Imageverlust. Ein anderer Ansatz war, daß man einfach beobachtet hat, nach welcher Strategie die Mitbewerber Ihre Angebote aufgebaut hatten und wie die Adressaten darauf reagierten. Daraufhin entwickelte man das eigene Konzept, indem man das Erfolgreiche kopierte und die Fehler der Mitbewerber vermied. Damit war man zwar auf der sicheren Seite, es bestand aber die Gefahr, in einen unaufholbaren Rückstand zu geraten. Eine sorgfältige Planung des Interneteinsatzes ist deshalb unabdingbar. Sie verhindert zum einen ein überstürztes Handeln, einhergehend mit dem ineffizienten Einsatz von Ressourcen, andererseits schafft sie die Voraussetzung, zur rechten Zeit mit einem auf die Bedürfnisse der Zielgruppe zugeschnittenen Angebot im Internet präsent zu sein.

Der erste Schritt in der Planung sollte die Überlegung nach der Art des Interneteinsatzes sein. Ein möglicher Ansatz ist die Unterteilung der Web-Sites in funktionelle Kategorien: [*Hoffman, D./Novak, T./Chatterjee, P.* (1995)]

- Online-Geschäft,
- Internetpräsenz (flache Werbung, Image und Information),
- Inhalt (gebührenpflichtig, gesponsort, suchbare Datenbanken),
- Einkaufszentrum,

- Anreize,
- Suchagenten.

Diese sechs Kategorien bilden die Bausteine für einen erfolgreichen Internetauftritt. Wo man sich mit seinem Internetauftritt als Unternehmen positionieren will, hängt im wesentlichen davon ab, welche Geschäftsfelder unterstützt werden sollen.

Im Online-Shop (Online-Storefront) werden Produkte zum Verkauf angeboten und entsprechende Aufträge entgegengenommen, wobei die Geschäftsabwicklung größtenteils über das Internet erfolgt.

Bei der Internetpräsenz geht es lediglich darum, den Besucher einer Web-Site über das Unternehmen und die angebotenen Produkte und Serviceleistungen zu informieren. Dabei läßt sich die Internetpräsenz grob in drei Formen unterscheiden. Flache Werbung (Flat-Ads) ist eine einzelne Seite ohne Verknüpfungen zu anderen Angeboten und könnte genauso gut in Zeitungen oder Magazinen abgedruckt sein. Inormation-Sites bieten detaillierte und gut aufbereitete Informationen an und werden meist von Unternehmen mit anspruchsvollen Gütern bzw. Serviceleistungen unterhalten (bspw. Fluggesellschaften, Unternehmensberatungen, Computer- und Automobilhersteller). Mit Image-Sites sollen die Besucher eher emotional als rational angesprochen werden. Informationen werden, wenn überhaupt, nur indirekt übermittelt. Geeignet ist diese Form meist nur bei Produkten mit geringem Erklärungsbedarf (bspw. Getränke).

Internetangebote, bei denen die Inhalte (Contents) selbst geliefert werden, unterscheiden sich ebenso in drei Ausprägungen. Bei gebührenpflichtigen Inhalten (Fee-Based-content-sites) muß der Konsument für den Zugriff auf eine Site bzw. für die Lieferung von Informationen bezahlen, die der Anbieter herstellt oder einkauft (bspw. Wertpapierinformationen oder Volltextversionen wissenschaftlicher Dokumente). Seiten mit gesponsorten Inhalten (Sponsored-content-sites) finanzieren sich aus dem Verkauf von Werbeplatz und bieten ihre Informationen den Konsumenten kostenlos. Die suchbare Datenbank (Searchable Database) ist der dritte Typ, Inhalte anzubieten. Hier bezahlt eine Person oder Organisation dafür, daß ihre Inhalte in einer Datenbank plaziert werden, die von den Konsumenten kostenlos abgerufen werden können.

Wie bei den Printmedien gibt es nicht nur Mischformen der verschiedenen Modelle, sondern das Konzept geht sogar davon aus, daß kommerzielle Web-Sites Online-Geschäft, Internetpräsenz und Inhalt kombinieren sollten *(Abb. 15)*.

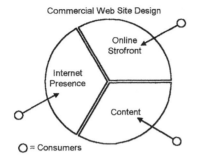

Commercial Web Site Design

Online
Strofront

Internet
Presence

Content

O = Consumers

Quelle:*Hoffman, D./Novak, T./Chatterjee,* (1995).

Abb. 15: Design Kommerzieller Web-Sites (nach Hoffmann u.a.)

Während die bisher vorgestellten Kategorien als sogenannte Zielplätze (Destination-Sites) für den Anbieter anzusehen sind, gibt es noch Web-Sites, die der Verkehrssteuerung (Web-Traffic-Control-Sites) dienen [Ebd.]. Um als Unternehmen möglichst viel Verkehr (traffic) auf das eigene Internetangebot zu lenken, ist es notwendig, sich auf solchen Sites zur Verkehrssteuerung zu präsentieren bzw. selbst als eine solche zu agieren.

Das Einkaufszentrum (Mall) ist eine nach bestimmen Gesichtspunkten konzipierte Zusammenstellung von Online-Storefronts. Anreizplätze (Incentive-Sites) präsentieren verschiedene Angebote, die für Besucher besonders attraktiv sind. Ziel ist es, die Konsumenten dazu zu bringen, sich dem dahinter stehenden kommerziellen Angebot zuzuwenden (vergleichbar mit Schnupper-Abos oder Testsoftware). Suchmaschinen (Search-Agent-Sites) indizieren die Inhalte des Internets in eine Datenbank und ermöglichen eine gezielte Suche nach Angeboten in Form von Schlüsselwörtern (keywords).

Aus der Sicht des Marketing betrachtet, scheint es sinnvoll zu sein, bei der Planung des Interneteinsatzes sowohl Destination-Sites als auch Web-Traffic-Control-Sites in die Überlegungen einzubeziehen. Wie schon erwähnt, ist der Erfolg einer Web-Site entscheidend davon abhängig, wie es gelingt, Nutzer dazu zu bewegen, die Seite zu besuchen (und das möglichst nicht nur einmal). Ein erfolgreiches Konzept zum Design einer attraktiven Web-Site ist in *Abb. 15* dargestellt.

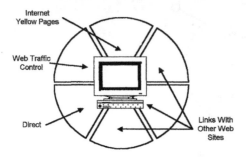

Getting Costumers to Your Web Site

Internet Yellow Pages

Web Traffic Control

Direct

Links With Other Web Sites

Quelle:*Hoffman, D./Novak, T./Chatterjee.*(1995).

Abb. 16: Konzeptioneller Aufbau einer attraktiven Web-Site (nach Hoffmann u. a.)

An diesem Modell gibt es einige Kritikpunkte. Zum einen formaler Art, da es oft sehr schwierig ist, zwischen einigen Kategorien und Subkategorien zu unterscheiden. Mehr noch zu beachten ist die inhaltliche Kritik. Das Modell beschränkt sich ausschließlich auf das WWW; andere Dienste müssen von den Anbietern aber entsprechend ihren Anforderungen auch realisiert werden. Wenn man außerdem von Geschäftsmodellen im Internet spricht, greift die Fixierung auf das Marketing ein wenig kurz. Es besteht sozusagen nur eine Unterstützung der ausgehenden Wertaktivitäten, nicht aber der eingehenden und der internen Aktivitäten. Damit werden interessante Ansätze, wie die Unterstützung der Transaktionsabwicklung oder der elektronische Austausch von Daten (EDI) ausgelassen [*Alpar, P.* (1998), S. 153 f.].

Eine bessere Unterteilung für den Einsatz der Internetdienste ist deshalb folgende [Ebd., S. 154 f.]:

1. Aktivitäten, die der Unterstützung internetunabhängiger Geschäftsfelder dienen,

2. Aktivitäten, die der Erschließung von Geschäftsfeldern mit Bezug zu Internetdiensten dienen.

Im Rahmen der strategischen Planung für den Interneteinsatz sollte als erstes die Entscheidung für eine dieser beiden Kategorien erfolgen. Die zuvor als Destination-Sites beschriebenen Kategorien dienen meist der Unterstützung solcher Geschäftsfelder, deren Existenz in keiner Form vom Internet abhängt, währenddessen die Web-Traffic-Control-Sites meist neue Geschäftsfelder mit Bezug zum Internet darstellen.

Für den Küchenfachhändler geht es in erster Linie darum, die internetunabhängigen Geschäftsfelder zu unterstützen, denn das Internet soll ja nur Mittel zum Zweck und nicht der Zweck selbst sein. Es muß nun darüber nachgedacht werden, welche Wertaktivitäten unterstützt werden sollen. Hierfür kann man die unter *Abschn. 3.2.3* entwickelte Wertschöpfungskette des Küchenfachhandels als Grundlage heranziehen.

6 Integration in die Wertschöpfungskette

6.1 Ausgehende Aktivitäten

Da die ausgehenden Aktivitäten, insbesondere das Marketing, in der Praxis bisher eine größere Bedeutung erlangten als die internen und eingehenden Aktivitäten, sollen diese zuerst besprochen werden.

In der Wertschöpfungskette des Küchenfachhandels wurden die ausgehenden Aktivitäten in drei primäre Phasen eingeteilt: Marketing und Vertrieb, Ausgangslogistik und Kundendienst. Wichtige wertschöpfende Aktivitäten im Bereich Marketing und Vertrieb sind vor allem Werbung, Public Relations, Verkaufsförderung und Außendienst. Für die drei erst genannten stellt das Internet ein beachtliches Nutzungspotential dar, was im folgenden gezeigt wird.

6.1.1 Marketing und Vertrieb

6.1.1.1 Werbung

Unter klassischer Werbung versteht man, Menschen mit Hilfe spezifischer Kommunikationsmittel zu einem bestimmten, unternehmenspolitischen Zweck dienenden Verhalten zu bewegen [*Böcker, F.* (1996), S. 364 f.].

Der Unterschied der Werbung im Internet zu den klassischen Werbemedien liegt darin, daß die Adressaten dazu gebracht werden müssen, die Werbung selbst abzurufen. Natürlich bestehen auch Möglichkeiten, die Internetbenutzer auf das eigene Angebot unaufgefordert aufmerksam zu machen (bspw. über E-Mail, Anzeigen in News-Groups), allerdings sind solche Aktivitäten mit großer Vorsicht zu gebrauchen, da man sich auf diese Weise sehr leicht den Unmut der Internetgemeinde zuziehen kann. Der primäre Dienst für Werbung im Internet ist somit das WWW, welches sowohl für Anbieter als auch für Kunden eine Reihe von Vorteilen gegenüber den klassischen Medien bietet [*Huly, H.-R./Raake, S.* (1995), S. 122.]:

- Ein „Werbespot im Netz" kann beliebig umfangreich sein. Dicke Prospekte, die der Konsument sonst nicht mit nach Hause nehmen würde, können mühelos integriert werden.

- Der Betrachter kann sich bestimmte Informationen anzeigen lassen, die in klassischen Prospekten gar nicht darstellbar sind.

- Werbung läßt sich ohne großen Aufwand aktuell halten, da sich Änderungen jederzeit einfügen lassen.

- Internetseiten bleiben ständig abrufbar, während Werbespots ständig neu geschaltet werden müssen.

- Es kann abgefragt werden, welcher Kunde welche Seiten wie oft gelesen hat.

- Werbung und Serviceleistungen können miteinander gekoppelt werden.

Trotz dieser Vorteile ist es angesichts der Profile der Internetnutzer *(Abschn. 4.5)* einleuchtend, daß das Internet derzeit die klassischen Werbemedien nur ergänzen, aber nicht ersetzen kann.

Die Beurteilung, ob man das Internet als Werbemedium benutzt, hängt insbesondere davon ab, inwieweit die Zielgruppen für ein Produkt oder einen Service mit den Internetnutzern übereinstimmen. Ein methodischer Ansatz, das herauszufinden, ist die inhaltliche Übernahme der Nutzerprofile in ein System der Produktbewertung, was in Form folgender Tabelle geschehen kann [*Alpar, P.* (1998), S. 220 f.]:

Nr.	Sehr gut: 3 Punkte	Gut: 2 Punkte	Mäßig: 1 Punkt	Punkte[3]
1	Das Produkt wird von Leuten im Alter von 19-40 Jahren gekauft	Das Produkt wird von Leuten im Alter von 14-18 oder von 40-50 Jahren gekauft	Das Produkt wird von Leuten im Alter jünger als 14 oder älter als 50 Jahren gekauft	3
2	Das Produkt wird von Männern gekauft	Das Produkt wird von Männern und Frauen gekauft	Das Produkt wird von Frauen gekauft	2
3	Das Produkt ist billig (<100 DM)	Das Produkt ist nicht billig (100-1.000 DM)	Das Produkt ist teuer (>1.000 DM)	1
4	Das Produkt wird von Haushalten mit mittleren bis hohem Einkommen gekauft	Das Produkt wird von Haushalten mit sehr hohen Einkommen gekauft	Das Produkt wird von Haushalten mit niedrigem Einkommen gekauft	3
5	Es ist eine Massenprodukt	Das Produkt hat eine mittlere Verbreitung	Es ist kein verbreitetes Produkt	2
6	Das Produkt läßt sich durch Text und Grafiken erklären	Das Produkt läßt sich durch Text, Grafiken und einige Bewegtbilder oder Tonwiedergabe erklären	Das Produkt läßt sich am besten durch Bewegtbilder oder gute Tonwiedergabe erklären	3
7	Erklärungsbedarf ist hoch	Erklärungsbedarf ist mittel	Erklärungsbedarf ist niedrig	3
8	Werbung appelliert an rationales Verhalten	Werbung appelliert an rationales und emotionales Verhalten	Werbung appelliert an emotionales Verhalten	3
9	Der Wettbewerb im Produktmarkt ist groß	Der Wettbewerb im Produktmarkt ist mittel	Der Wettbewerb im Produktmarkt ist gering	3

Abb. 17: Beurteilung der Produkteignung für Internetwerbung

Die Einbauküche als Produkt erreicht 23 von 27 möglichen Punkten. Damit ist zumindest nachgewiesen, daß das Internet für den Küchenfachhandel ein interessantes Werbemedium darstellt.

Neben der Möglichkeit, auf einer Homepage Produktinformationen bereitzustellen, wird im WWW mittels sogenannter Banner geworben. Bei dieser Form, die derzeit ca. 80

---

[3] Die angegebenen Punkte bzw. die grau hinterlegten Flächen stellen dar, wie das Produkt Einbauküche zu positionieren ist.

Prozent der Onlinewerbeumsätze in Europa ausmacht [*Zimmer, J.* (1998), S. 505], bieten vor allem die Web-Traffic-Control-Sites die Unterbringung einer Werbung an, die meist aus einer Grafik (bspw. Firmenlogo) besteht. Klickt man auf diese Grafik (Banner), wird man zu den Webseiten des Inserenten gelenkt. Die Preise für die Bannerwerbung sind zum einen abhängig von der Häufigkeit der Sichtkontakte (Page-Impressions) der unterbringenden Site, zum anderen von der Größe und der Plazierung (Position auf der Web-Site sowie in der Seitenhierarchie) des Banners. Die großen Web-Traffic-Control-Sites haben ein sehr differenziertes und ausgereiftes Konzept an Buchungsmöglichkeiten. *Abb. 18* stellt die Preisgestaltung am Beispiel der Suchmaschine „Dino-Online" [http://dino-online.de/ais-axon/w_preise.html] dar.

Plazierung	Anzahl der Sicht-kontakte (Page Impressions)	Wochenpreis je Bannergröße		
		Full Banner	Half Banner	Small Banner
Dino-Homepage	100.000	6.000 DM	4.000 DM	-
Übersichtsseite des Web-Katalogs / DINO-Indexseite	50.000	-	1.750 DM	1.250 DM
Dino-Suchstartseite	70.000	3.500 DM	2.450 DM	1.750 DM
Dino-Suchergebnisseite	150.000	4.500 DM	3.000 DM	-

Abb. 18: Preisliste für Bannerwerbung bei „Dino-Online"

Darüber hinaus bietet „Dino-Online" noch folgende Möglichkeiten an:

- Werbung auf speziellen Dino-Themenseiten (bspw. Medien, Touristik, Sport, Computer)

- Sehr eng definierte Zielgruppen lassen sich auch durch die Belegung bestimmter Suchbegriffe im Rahmen des Keyword-Advertising ansprechen – bei der Eingabe des gebuchten Suchwortes erscheint dann das Werbebanner über den Suchergebnissen.

- General Rotation: Bei dieser Form der Werbeschaltung wechselt das Banner durch die verschiedenen DINO-Rubriken und erscheint zufällig – damit erreicht die Werbebotschaft die verschiedensten Nutzer.

Auch wenn Studien ergaben, daß die Klickraten (Visits) auf Werbebanner mit ca. zwei Prozent sehr gering sind [*Gleich, U.* (1998), S. 370], so erzielen die Banner für sich genommen schon eine kommunikative Werbewirkung, obwohl sie durchschnittlich nur eine Sekunde betrachtet werden [Ebd.]. Man kann davon ausgehen, daß positive Effekte auf Werbe- und Produktawareness sowie Produktbeurteilungen zu 96 Prozent auf den Kontakt mit Bannern zurückzuführen sind und nur zu 4 Prozent auf die Tatsache, daß sich die Nutzer durch das Anklicken der Banner auf der Homepage des Werbungsbetreibenden ein Bild machen [Ebd.].

Neben der quantitativen Werberfolgsmessung ist es für den Informationsanbieter wichtig, die Art und die Herkunft der Besucher festzustellen. Das läßt sich realisieren, indem man für unterschiedliche Banner als Einstieg unterschiedliche Informationen anbietet und diese Seitenaufrufe analysiert. Darüber hinaus lassen es die Web-Server zu, die Zugriffsdaten der Besucher in sogenannten Logfiles zu speichern. Darauf aufsetzende Statistiktools liefern Informationen hinsichtlich Zugriffe je Seite (Hits), Zugriffe aus Regionen, Ein- und Ausstiegsseiten, Erstkontakte mit dem WWW-Server, benutzte Browser etc. Mit Identifikationsnummern, die beim Surfen auf der Festplatte des Nutzers hinterlegt werden (Cookies), lassen sich sogar seitens des Servers individuelle Nutzerprofile erstellen, was eine zielgruppenspezifischere Werbung ermöglicht. Wegen der hohen Sensibilität in puncto Datenschutz wird dieses sogenannte Usertracking in Deutschland aber nur sehr zurückhaltend eingesetzt, damit sich die Vorbehalte gegen Onlinewerbung nicht vergrößern [Ebd.].

Es wurde bereits festgestellt, daß für den Küchenfachhändler prinzipiell das Internet aufgrund der Nutzerdemographie als Werbemedium in Frage kommt. Die weiteren Schritte sind die Festlegung der Werbeziele, der Werbebotschaft und des Werbebudgets. Dadurch wird letztendlich bestimmt, welche Form der Internetwerbung angewendet wird. Primärziel ist, potentielle Kunden zu veranlassen, in die Filiale zu kommen und eine Einbauküche zu kaufen. Dafür ist es erforderlich, den Bekanntheitsgrad zu erhöhen und dabei möglichst Kunden in regionaler Reichweite zu erreichen. Es bietet sich demzufolge die

Plazierung von Werbebannern auf Web-Traffic-Control-Sites mit regionaler Relevanz, bspw. auf der Informationsseite für Berlin [http://www.berlinonline.de/], an. Desweiteren sollte eine Indizierung bei den wichtigsten Suchmaschinen vorgenommen werden. Es ist auch dafür zu sorgen, daß man auf den Linklisten thematisch verwandter Sites vertreten ist (bspw. Küchenhersteller, Küchenverbände, Online-Fachzeitschriften ...). Wenn es gelungen ist, Besucher auf die eigene Homepage zu lotsen, ist es vorteilhaft, neben den erwarteten Informationen (hinsichtlich Produkt und Serviceleistungen) auch Inhalte anzubieten, welche die Nutzer veranlassen, die Seite wiederholt aufzusuchen. Möglichkeiten hierfür sind oben erwähnte Linklisten, aber auch Newsticker zum Thema Einbauküchen, ständig aktualisierte Sonderangebote, Küchenforen, Gewinnspiele u.v.m., was auch noch Inhalt der weiteren Ausführungen sein wird.

6.1.1.2 Verkaufsförderung

Verkaufsförderung ist ein Sammelbegriff für eine Vielzahl von kommunikativen Maßnahmen, die kurzfristig den Absatz eines Produktes bzw. einer Unternehmung beeinflussen sollen [*Böcker, F.* (1996), S. 368]. Hinsichtlich der Zielgruppe läßt sich die Verkaufsförderung darin unterscheiden, ob sie sich an das Handelselsunternehmen, an den Außendienst oder an die Letztverbraucher richtet [Ebd.].

Diese sonst sinnvolle Einteilung der Instrumente läßt sich bei der Erkennung des Potentials für die Unterstützung durch das Internet nicht besonders gut anwenden. Eine geeignetere Klassifizierung ist die Unterteilung in finanzielle Anreize, Produktproben und Service sowie produktunabhängige Anreize [*Alpar, P.* (1998), S. 234].

Finanzielle Anreize können geschaffen werden, indem man für Aufträge, die über das Internet erfolgen (bspw. der Kauf von Küchenmöbeln bzw. Geräten oder Zubehör), einen Preisnachlaß gewährt. Diese Maßnahme ist sehr überzeugend, da sie mit geringeren Bearbeitungskosten eine ökonomische Begründung hat. Fehlt bei Preisnachlässen eine solche Begründung, wird der Konsument annehmen, daß das Produkt minderwertig ist und wahrscheinlich vom Kauf Abstand nehmen. Es ist schon festgestellt worden, daß aus verschiedenen Gründen der Kauf einer hochwertigen Einbauküche die Präsenz des Kunden am Point-of-Sale erfordert, zumindest was die derzeit praktizierten Vertriebsformen anbelangt. Deshalb ist es möglicherweise besser, indirekte finanzielle Anreize zu bieten.

Vorstellbar ist bspw. daß sich der Konsument auf der Homepage des Küchenfachhändlers einen Gutschein bzw. Coupon ausdrucken kann, der als Preisnachlaß beim Kauf vor Ort verrechnet wird. Begründen läßt sich dieser Preisnachlaß damit, daß der Kunde sich auf der Homepage schon mit den Produkten vertraut gemacht hat, was den Beratungsaufwand für den Händler verringert.

Für die Verteilung von Proben läßt sich das Internet nur nutzen, wenn das Produkt in digitaler Form vorliegt. Das ist bei einer Einbauküche nicht der Fall, allerdings ist es überlegenswert, ob man Cross-Selling-Aktivitäten in dieser Form unterstützt. Denkbar ist zum Beispiel ein digitales Kochbuch in einer Testversion gratis abzugeben, welche den Kunden zum Kauf der Vollversion stimulieren soll.

Um Service als verkaufsfördernde Maßnahme über das Internet anzubieten, gibt es für den Küchenfachhandel vielfältige Möglichkeiten. Da es sich bei einer Einbauküche um eine sehr hochwertige Anschaffung handelt, besteht seitens der Kunden oftmals der Wunsch, diese im Rahmen eines Kreditvertrages zu finanzieren. So ist es naheliegend, auf den Internetseiten ein Angebot zu integrieren, welches es dem Kunden ermöglicht, den finanziellen Rahmen eines solchen Kredites abzustecken bzw. einen Kreditvertrag abzuschließen. Auf diese Weise werden u.U. sogar mehr potentielle Kunden dazu bereit sein, als bei der Kreditfinanzierung vor Ort mit den damit verbundenen und möglicherweise als peinlich empfundenen Fragen, die oftmals eine kaufhemmende Barriere darstellen. Darüber hinaus kann das Modell so gestaltet werden, daß der Kunde sich den Kreditvertrag seinen individuellen Bedürfnissen genau entsprechend (hinsichtlich Laufzeit, Rückzahlungsmodalitäten ...) anpaßt. Ein anderes Beispiel für internetbasierten Service ist, daß man Interessenten Küchenplanungssoftware[4] mit den entsprechenden Produktkatalogen zum Download anbietet, so daß dieser zu Hause am Computer schon vorab eigene Planungsideen entwickeln kann.

Auch wenn es paradox klingt, daß der Kunde selbst planen soll und das dann als Service bezeichnet wird; es hat für den Kunden Vorteile. Zum einen entfällt zunächst die soge-

---

[4] Das muß keineswegs die von den Küchenstudios verwendete High-End-Software im Wert von mehreren tausend Mark sein. Es besteht auch die Möglichkeit, Planungstools in Form von Applets in die eigene Homepage zu integrieren. Erste Ansätze, die an späterer Stelle noch vorgestellt werden, gibt es bereits.

nannte Schwellenangst, die viele Kunden empfinden, wenn sie sich im Küchenstudio ein Angebot anfertigen lassen wollen. Zum anderen erstellt sich der Kunde die Dienstleistung der Planung vorerst selber (von deren Qualität abgesehen), so daß er nicht das Gefühl hat, dafür eine Gegenleistung erbringen zu müssen, was u.U. zu unüberlegten Käufen führt. Das Abhalten vom unüberlegten Kauf widerspricht zwar scheinbar den wirtschaftlichen Interessen des Küchenhändlers, dürfte aber der Kundenzufriedenheit und dem Image insgesamt förderlich sein. Der Vorteil für den Küchenhändler besteht aber vor allem darin, daß er die zeit- und kostenintensiven Beratungsleistungen auf das notwendige reduziert (bspw. auf die Überarbeitung der vom Kunden erstellten Planung). Die so gesparten Kosten lassen sich nach dem IKEA-Prinzip („Selbst gemacht – Geld gespart") an den Konsumenten weiterreichen. Das (auch) damit entstehende günstigere Preisniveau ist notwendig, wenn die Preisgestaltung im Internet offengelegt ist, denn schließlich sollen ja nicht die Mitbewerber von der Übertragung der Planungsleistung profitieren.

Als produktunabhängiger Service sind die schon unter Werbung (eine genaue Abgrenzung ist kaum möglich) angesprochenen Informationsangebote, Preisausschreiben, Fragebögen usw. zu sehen.

6.1.1.3 Öffentlichkeitsarbeit

Mit Maßnahmen der Öffentlichkeitsarbeit (Public Relations) zielt man nicht unmittelbar auf einen Absatzerfolg, sondern versucht, durch die Schaffung einer günstigen Ausgangslage die Grundlage für erfolgreiche Einzelmaßnahmen zu legen. Maßnahmen der Öffentlichkeitsarbeit haben als Werbesubjekte daher nicht die Zielgruppe der Absatzpolitik, sondern im Grundsatz die Gesamtheit aller Personen, die in irgendeiner Weise für den Erfolg des Unternehmens Bedeutung haben [*Böcker, F.* (1996), S. 371].

Die einfachste Form von Public Relations im Internet ist, daß man unternehmensspezifische Informationen, bspw. Veröffentlichungen, Unternehmensnachrichten und Vorträge, auf der Homepage ablegt. Aus Sicht des Küchenfachhändlers könnten dies sein: Informationen über Aktivitäten, Sonderöffnungen, Berichte über Qualitätstest, Darstellung des Engagements im Umweltschutzbereich bzw. für soziale Zwecke, Pressemitteilungen usw.

Auch das Beantworten von Fragen via E-Mail ist eine Form von Öffentlichkeitsarbeit. Bei einer großen Anzahl von E-Mails kann die persönliche Beantwortung sehr zeit- und somit kostenintensiv sein. Hier bietet sich der Einsatz sogenannter Autoresponder an, die versuchen, eine E-Mail inhaltlich zu erfassen, um dann darauf zugeschnittene Antworten automatisch zu versenden. Bei Küchenfachhändlern normaler Größenordnung dürfte sich der manuelle Bearbeitungsaufwand von E-Mails allerdings in einem vertretbaren Rahmen bewegen.

Schließlich kann man mittels Internetdienst der zeitgleichen Kommunikation *(Abschn. 4.4.3)* Liveveranstaltungen organisieren, bei denen bspw. Firmenmitglieder oder Experten Vorträge halten bzw. mit den Teilnehmern diskutieren. Eine andere Möglichkeit ist, Liveveranstaltungen aufzunehmen und dann ins Internet zu stellen, wo man sie im nachhinein sehen, hören oder lesen kann. Da diese Maßnahmen allerdings nur sehr mühevoll zu organisieren und in die eigenen WWW-Seiten zu implementieren sind, muß man sich als Küchenfachhändler die Frage stellen, ob sich der Aufwand lohnt, angesichts einer schmalen Zielgruppe und der beschränkten Möglichkeiten solch ein Angebot publik zu machen. Deshalb werden in diesem Bereich wohl mehr die derzeit schon praktizierten Diskussionsgruppen und Online-Chat-Systeme eine Rolle spielen, wie man sie bspw. bei Küchenkontor, einer Internet-Community zum Thema Küchen, findet [http://www.leiseberg.de/welcome1.htm].

6.1.1.4 Außendienst

Der Außendienst hat im Küchenfachhandel seit jeher eine große Bedeutung. Das begründet sich vor allem dadurch, daß der Kunde in den meisten Fällen nicht in der Lage ist bzw. es sich nicht zutraut, die eigene Küche fachgerecht aufzumessen. Der Küchenspezialist ist somit gefordert, das Aufmaß beim Kunden persönlich vorzunehmen. Aus dieser Sicht ist es nachvollziehbar, daß man mittlerweile dazu übergegangen ist, das Aufmaß gleich mit Beratung, Planung und Verkauf zu verbinden (die Kunden werden i.d.R. mit Instrumenten des Direktmarketings akquiriert). Für eine effiziente Mitarbeiterstruktur eines Küchenfachhändlers kann es von Vorteil sein, wenn man bei solchen Maßnahmen u.a. Mitarbeiter einsetzt, die ausschließlich im Außendienst tätig sind. Haben diese Außendienstmitarbeiter einen Online-Zugang zum Firmencomputer, können sie auf diesem Weg Katalogdaten abgleichen, Software auf den neuesten Stand bringen, Aufträge ins

System einspielen; sozusagen unternehmensintern kommunizieren, ohne in der Filiale vor Ort sein zu müssen. Hinzukommt, daß der Außendienstmitarbeiter, wenn er über einen Internetzugang verfügt, sich besser auf einen Kundenbesuch vorbereiten kann, indem er sich bspw. mit den aktuellen Informationen seines Unternehmens, der Mitbewerber und Lieferanten vorab versorgt.

6.1.2 Ausgangslogistik

Die in der Wertschöpfungskette erarbeiteten Aktivitäten der Ausgangslogistik lassen sich, ebenso wie die der Eingangslogistik und der internen Operationen, weitgehend nur im Rahmen einer E-Commerce-Lösung ganzheitlich durch das Internet unterstützen. Schon mehrfach wurde erwähnt, daß der Verkauf von Einbauküchen aus verschiedenen Gründen die physische Anwesenheit des Kunden am Point-of-Sale erfordert, wodurch sich ein auf E-Commerce basierender Verkauf über einen Online-Shop eigentlich verbietet. Es ist aber auch nicht Sinn des zugrunde liegenden Konzeptes, für einen Küchenfachhändler eine E-Commerce-Lösung zu entwickeln. Prinzipiell sollen die wertschöpfenden Aktivitäten eines Unternehmens dahingehend überprüft werden, inwieweit sich durch die Nutzung des Internet ein Mehrwert erwirtschaften läßt. Daß das im Einzelfall nicht bei allen Aktivitäten der Fall ist, stellt die Vorgehensweise insgesamt nicht in Frage. Im weiteren Verlauf werden deshalb nicht alle wertschöpfenden Aktivitäten Schritt für Schritt abgearbeitet, sondern die Aufmerksamkeit liegt bei denen, für die eine Interneteinbindung tatsächlich interessant ist. Da die technische Entwicklung in ihrer Dynamik zukünftige Entwicklungen schon erahnen läßt, werden Sachverhalte, die denkbar sind und deren Eintreten wahrscheinlich ist, auch untersucht werden, wenngleich sie derzeit noch nicht realisierbar sind.

Wie oben dargestellt, sind die Aktivitäten der Ausgangslogistik für eine Internetintegration aus Sicht des Küchenfachhandels nur wenig interessant, solange es nicht gelingt, sie im Rahmen einer ganzheitlichen Online-Auftragsabwicklung zu realisieren. Im Einzelfall läßt sich die Ausgangslogistik dennoch unterstützen, bspw. dadurch, daß der Kunde den Abarbeitungsstatus seiner Transaktion über das Internet erfragen und jederzeit verfolgen kann, wo sich die Ware befindet.

6.1.3 Kundendienst

Für den Kundendienst stellt die Reklamationsbearbeitung aus der Sicht des Küchenfachhandels eine wichtige Aktivität dar. Da die Planung, die Auftragsabwicklung und die Montage einer Einbauküche ein komplexer Prozeß ist, lassen sich Fehler, sei es seitens der Fachhändler als auch der Lieferanten, nur schwer vermeiden. Dementsprechend häufig treten Reklamationen auf. Ein wichtiges Kriterium, von der letztendlich die Kundenzufriedenheit auch abhängt, ist die Zeitdauer der Reklamationsbearbeitung. Durch die Möglichkeit, Beanstandungen online geltend zu machen (sowohl zwischen Kunden und Händler, als auch zwischen Händler und Lieferanten), läßt sich gegenüber dem gängigen Postweg die Bearbeitungszeit reduzieren. Mittels Online-Formularen, bei denen Beanstandungstatbestände in Form von Pulldown-Menüs auswählbar sind, erleichtert man zum einen dem Kunden die Präzisierung seiner Beanstandung, zum anderen vereinfacht sich für den Händler die Übernahme der Daten in ein vorhandenes computerunterstütztes Beschwerdemanagementsystem. Solche Systeme sind besonders im Küchenfachhandel wichtig, da sich durch entsprechende statistische Analysen die Fehlerbedeutung (hinsichtlich der Häufigkeit des Auftretens und der entsprechenden Kostenwirkung) ermitteln läßt, so daß man gegebenenfalls Gegenmaßnahmen ergreifen kann. Die Akzeptanz des Kunden gegenüber Fehlern hängt ebenso davon ab, inwieweit man ihn über den Bearbeitungsstatus der Reklamation in Kenntnis setzt. Auch hier bieten sich u.U. Kosten- und Zeitvorteile gegenüber herkömmlichen Wegen, wenn der Kunde die Möglichkeit hat, den Status selbst auf den Webseiten des Händlers (natürlich paßwortgeschützt) zu verfolgen bzw. wenn er per E-Mail informiert wird.

In Form von Online-Formularen kann für den Kunden die Möglichkeit geschaffen werden, Reparaturdienstleistungen anzufordern oder Ersatzteillieferungen zu bestellen. Diese können so gestaltet sein, daß bestimmte Felder ausgefüllt werden müssen, ohne die eine weitere Bearbeitung nicht möglich ist. Dies erspart überflüssige Rückfragen. Als Kundendienst lassen sich auch Maßnahmen einordnen, die dem Kunden ein Feedback hinsichtlich der Qualität der Beratung, des angebotenen Services o.ä. gestatten. Dafür geeignete „Sagen Sie uns Ihre Meinung"-Formulare lassen sich auch ins Internet stellen und können neben Informationen, was als gut empfunden wurde, auch wertvolle Anregungen liefern hinsichtlich dessen, was verbessert werden kann.

Auch die Kontaktpflege ist eine wichtige Aktivität aus dem Bereich Kundendienst. Sie findet nach einem Verkauf statt und dient der Milderung eventueller Dissonanzen und soll die Beziehung zum Kunden aufbauen und festigen. Ist die E-Mail-Adresse des Kunden bekannt, kann man ihn über Sonderangebote oder Neuheiten informieren, zu Feiertagen gratulieren etc. Gerade im Küchenfachhandel ist es wichtig, den Kunden davon in Kenntnis zu setzten, wenn eine von ihm gekaufte Küchenfront aus dem Programm genommen wird, so daß man ihn u.U. veranlaßt, geplante Nachkäufe rechtzeitig zu tätigen.

6.2 Interne und eingehende Aktivitäten

6.2.1 Eingangslogistik

Wie bereits angedeutet, lassen sich die Aktivitäten der Eingangslogistik nur dann sinnvoll in eine internetbasierte Lösung integrieren, wenn diese als ein ganzheitliches E-Commerce-System implementiert ist. Im Küchenfachhandel ist dies derzeit noch nicht der Fall. Dennoch sind Konstellationen vorstellbar, unter denen E-Commerce im Küchenfachhandel funktionieren kann (auch wenn es dafür noch kein vorzeigbares Beispiel gibt), so daß es angebracht zu sein scheint, später noch auf die Thematik E-Commerce einzugehen *(Abschn. 6.3)*.

Davon abgesehen gibt es schon verschiedene internetbasierter Anwendungen, die derzeit für die Eingangslogistik des Küchenfachhandels überdimensioniert sind, aber bei einer vermehrten Nutzung von Transportunternehmen und Behörden möglicherweise in Zukunft Standard sein werden und deshalb kurz erwähnt werden sollen [*Alpar, P.* (1998), S. 274 ff.].

Auch wenn es in der Küchenbranche üblich ist, daß die beim Hersteller bestellte Ware frei Haus geliefert wird, so lassen sich u.U. Preisabschläge durchsetzen, wenn man sich selbst um den Transport der Ware kümmert. Im Internet entwickeln sich sogenannte Transportbörsen zu elektronischen Märkten, auf denen sich Anbieter und Nachfrager von Transportleistungen schnell und kostengünstig zusammenfinden können. Neben Telefon, Fax und SMS-Mobiltelefon lassen sich auf der Web-Site von Cargex [http://www.cargex.de/] bspw. Inserate auch per E-Mail aufgeben bzw. Angebote auf diese Weise einfordern. Darüber hinaus lassen sich mittels eines Frachten-Tickers eingehende Angebote in Echtzeit mitlesen. Mit der Software „TimoComTruck & Cargo" ist es sogar möglich, individuell zugeschnittene Abfragen zu generieren, um sich dann auf dem Server von TimeCom [http://www.timecom.de/] aus einer ständig aktualisierten Datenbank mit europaweiten Angeboten das geeignetste herauszusuchen.

Auch die Planung von Transporten wird durch das Internet verbessert. Zum einen gibt es Server, die bei der Streckenauswahl helfen, bspw. [http://www.reiseroute.de/europ_de.htm], zum anderen eine Reihe von Informationen zur aktuellen Straßensituation in den verschiedenen Regionen. Diese Informationen lassen sich entweder vom Fahrer eines Lastwagen selbst (falls er über Laptop bzw. eingebauten PC und mobilen Telefonanschluß verfügt) oder von einer lokalen Zentrale abrufen, die über Funk den Fahrer vom Verkehrsgeschehen informiert. In den USA sind diese Verkehrsdateninformationssysteme schon sehr weit gediegen. Bei der kalifornischen Highway-Information [http://www.dot.ca.gov/hq/roadinfo/] kann der Benutzer eine interessante Region oder einen Highway auf einer digitalen Karte anklicken und erhält im Minutentakt Daten über den Verkehrsfluß in allen Richtungen und Spuren.

Für kleinere Unternehmen und somit auch für den Küchenfachhandel sind die Angebote zur Warenverfolgung interessant, bei welchen mit hoher Aktualität der Transportfortschritt der bestellten Ware über das Internet abgerufen werden kann. GeoTALK bspw. *(Abb. 19)* ist ein als JavaApplet realisiertes Geographisches Informationssystem (GIS), auf dessen Karte nicht nur statische Objekte abgebildet werden, sondern es besteht zusätzlich die Möglichkeit, Fahrzeuge mittels ihrer GPS- (Global-Positioning-System) Koordinaten darzustellen, so daß sich ihre Bewegungen verfolgen lassen [http://www.maponline.com/gps_demo.html].

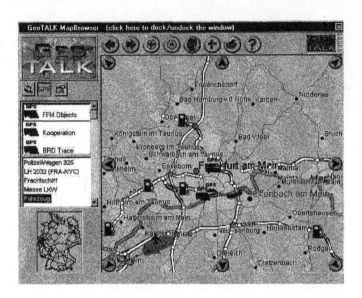

Abb. 19: GPS-Tracer von GeoTALK

6.2.2 Interne Operationen

Die internen Operationen umfassen im Industriebetrieb i.d.R. die Aktivitäten, die aus betriebswirtschaftlicher und technischer Sicht mit dem Produktionsprozeß verknüpft sind. Wie im *Abschn. 3.2.1* dargestellt, gibt es im Küchenfachhandel dabei Besonderheiten, die sich daraus ableiten, daß der Produktionsprozeß immaterieller Art und als Dienstleistung zu spezifizieren ist. In diesem Zusammenhang ist die Angebotserstellung die wichtigste Operation, da sie letztlich die Grundlage für die weiteren Aktivitäten, wie Vertragsabschluß und -abwicklung ist. Während die Vertragsabwicklung mit Unterstützung des Internet in eine ganzheitliche Lösung (E-Commerce) eingebunden sein sollte, werden im folgenden die Möglichkeiten der Integration des Internet bei der Angebotserstellung Gegenstand der Betrachtung sein.

Fast alle Küchenstudios verwenden zur Angebotserstellung und zur Auftragsabwicklung CAD- (Computer Aided Design) Softwarepakete, die man mehr oder weniger als betriebswirtschaftliche Gesamtlösungen bezeichnen kann, z.B. KPS [http://www.-shd.de/kreativ.htm], Carat [http://www.carat.de/], Softplan [http://www.moebelsoftware.de/softplan/soft_info1.html]. Sie bieten neben ihrer eigentlichen Funktion, nämlich der zeichnerischen Planung einer Küche und deren Visualisierung, Module wie Fakturierung, Statistik, Reklamationsbearbeitung, Schnittstellen zu Warenwirtschaftssystemen, Controlling etc. Allen gemein ist, daß sie dem Kunden keinen Zugriff über das Internet bieten, so daß er zu Hause am PC nicht selbst planen kann, obwohl dies prinzipiell die Grundvoraussetzung für eine E-Commerce Lösung ist, die mehr bietet, als das bloße Bestellen über Artikelnummern. Ein Grund hierfür liegt sicherlich darin, daß man die Planung einer Küche dem Spezialisten überlassen sollte, aber die Software ist bereits heute schon so intelligent, daß sie auch für Laien anwendbar ist, indem Sie mit Planungsassistenten arbeitet und Planungsfehler automatisch meldet. Außerdem läßt sich eine Kundenplanung ja durchaus überarbeiten. Der wohl wichtigere Grund liegt eher in der bisher mangelhaften technischen Möglichkeit, ein CAD-Programm als Internetapplikation in eine Web-Site einzubinden. Allerdings gibt es zur Lösung dieses Problems bereits erste erfolgversprechende Ansätze, die in Kenntnis der Dynamik des technischen Fortschrittes erahnen lassen, was dem Kunden zukünftig für Möglichkeiten offenstehen werden und welche Chancen sich für Unternehmen ergeben, die in diese Nische stoßen.

In diese Richtung weist die Küchenplanungssoftware VisPlan des Systemhauses Systecs [http://www.systecs.com/df_kuech.htm], die neben den o.g. Grundmodulen auch VRML-Funktionalität aufweist *(Abb. 20)*. VRML (Virtual Reality Modeling Language) ermöglicht das Erstellen von 3D-Modellen für das Internet. Der Vorteil, eine Küchenplanung als ein im Internet darstellbares 3D-Modell abzuspeichern, liegt vor allem auf der Seite des Händlers. Ihm ist es theoretisch möglich, ein komplett virtuelles Küchenstudio im Internet zu erstellen und somit sein per se dreidimensionales Handelsgut realitätsnah zu präsentieren. Zwar leidet die VRML-Ausgabe noch unter der mäßigen Darstellungsqualität auf den marktgängigen PCs, bietet aber im Vergleich zu einer Videoausgabe die Interaktionsfähigkeit [*Geist, M.-R./Popp, H.* (1998), S. 37]. Mit dem steigenden Angebot an immer leistungsfähigerer 3D-Hardware werden interaktive VR-Präsentationen bald die selbe Qualität an fotorealistischer Visualisierung erreichen, welche die gängige Küchenplanungssoftware bereits bietet. Wurde bisher immer davon ausgegangen, daß der Kunde am Ort des Verkaufsgeschehens sein muß, damit der Mangel an Vorstellungskraft ausgeglichen werden kann, sind virtuelle 3D-Küchenstudios vielleicht der Schlüssel dazu, den Point-of-Sale an den heimischen Kunden-PC zu verlagern. Echte 3D-Welten gestatten die freie Navigation des Benutzers und darüber hinaus komplexe

Interaktionen mit Objekten der Szene. Außerdem kann sogar das Verhalten der Objekte definiert werden [*Bauer, K.* (1998), S. 7]. So ist es ohne weiteres vorstellbar, daß der Kunde im Internet durch die virtuelle Küche spaziert, Schubläden und Schränke öffnet, die Frontfarbe ändert, die Beleuchtung anstellt ...

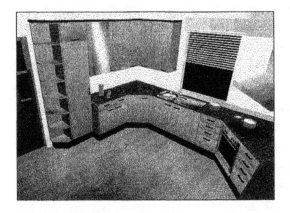

Abb. 20: VR in der Küchenplanung: VisPlan

Nun stellt sich die Frage, wie man es realisiert, daß der Kunde nicht nur in einer vom Händler generierten virtuellen Küche navigiert und interagiert, sondern dies möglichst in seiner zukünftigen eigenen Küche tut.

Die schon heute mögliche Lösung ist, daß der Händler den Grundriß und sonstige rele- vanten Maße erhält (bspw. per E-Mail oder Fax), so daß auf dieser Basis ein Angebot erstellt und die Küche als VRML-Objekt auf eine paßwortgeschützte Seite ins Internet gestellt wird. Nun kann der Kunde die zuvor beschriebenen Aktionen online (bzw. offline nach Herunterladen des Objektes) vornehmen. Mit dem erwarteten massiven Zuwachs der Bandbreitenkapazitäten des Internet *(Abschn. 4.3)* wird die Produktpräsentation mit eventuell angehängter Ordermöglichkeit vielleicht ergänzt durch Interaktionen zwischen Verkäufer und Kunde, wie sie bei einem Beratungsgespräch stattfinden. Dazu könnte z.B. ein gemeinsames Internetfenster (shared display) dienen, in welchem die Küchenpla- nung gemeinsam erarbeitet wird [*Geist, M.-R./Popp, H.* (1998), S. 38].

Ein weiteres Beispiel für die Anwendung von Virtual Reality im Möbelbereich ist der VR-Prototyp des Stuttgarter Frauenhofer Institutes für Arbeitswirtschaft und Organisation (IAO), mit dessen Hilfe sich Möbel in einem frei definierbaren Raum vom Anwender beliebig auswählen und positionieren lassen [http://virtual.design-exhibition.com/]. Zusätzlich erlaubt das online und in Echtzeit laufende Programm, Möbelstücke gegen andere auszutauschen, Farbtöne zu wählen und die Beleuchtungsverhältnisse zu testen *(Abb. 21)*.

Abb. 21: VR im Möbelbereich

Daß Virtuell Reality in der Küchenbranche vom Kunden angenommen wird, beweist das Beispiel eines bekannten japanischen Projektes (bei dem allerdings noch die Internetintegration gefehlt hat). Auch hier wurden Einbauküchen nach den Vorstellungen und Wünschen der Kunden modelliert. Bei der virtuellen Begehung konnte der Kunde die Anordnung der Küchenelemente begutachten, Türen und Schübe öffnen und verschiedene Haushaltsgegenstände positionieren. So lernte der potentielle Käufer die individuell zusammengestellte Küche kennen, bevor sie überhaupt gebaut wurde. Die Aktion kam bei der japanischen Bevölkerung so gut an, daß Interessenten für solche Beratungen Wartezeiten von mehreren Monaten in Kauf genommen haben. Ferner soll die Wahrscheinlichkeit für einen Vertragsabschluß deutlich höher gelegen haben als beim Durchschnitt der Branche [*Altmann, A.* (1998), S. 96].

An dieser Stelle sei noch auf ein Problem hingewiesen, welches stets auftaucht, wenn es darum geht, dreidimensionale Körper möglichst realtätsnah zu visualisieren. Der herkömmliche Monitor bietet zwar eine perspektivische, aber dennoch flache Darstellung.

Der daraus resultierenden Begrenzung von Illusions- und Erlebniswert kann aber durch die unter Computerspiel-Freaks schon etablierten VR-Helme bzw. LC-Shutter-Brillen abgeholfen werden [*Bungert, C.* (1999), S. 172 ff.]. Vor allem aber autostereoskopische Systeme, die vollen 3D-Genuß ohne lästige Hilfsmittel erlauben, könnten in den kommenden Jahren visuelle Darstellungen aller Art revolutionieren [*Saad, A./Hevler, A.* (1999), S. 164 ff.].

6.3 Prozeßintegration – E-Commerce

In den vorangegangenen Abschnitten wurden die Vorteile, die sich durch die Einbindung des Internet in die primären wertschöpfenden Aktivitäten ergeben, angesprochen. Im folgenden soll dargestellt werden, inwieweit es Möglichkeiten gibt, die Aktivitäten im Internet untereinander und mit denen im Hintergrund zu verbinden.

Nahezu jedes Unternehmen, so auch im Küchenfachhandel, setzt zur Abdeckung wesentlicher betriebswirtschaftlicher Funktionen Standard- bzw. Individualsoftware ein. Für die Nutzer von Standardsoftware waren in der Vergangenheit speziell programmierte Lösungen für die Anbindung an das Internet nötig. Mittlerweile bieten einige Hersteller von betriebswirtschaftlicher Software (bspw. SAP) Zusatzkomponenten an, welche die Nutzung bestimmter Funktionen über das Internet ermöglichen. Die Internet Application Components von SAP (passend zur betriebswirtschaftlichen Gesamtlösung R/3) stellen Anwendungskomponenten zur Verfügung, die nach Bereichen gruppiert sind: Interne Dienste (Workflow Statusberichte, Preislisten, Projektdokumente ...), Selbstauskunft für Mitarbeiter (Beschäftigungsmöglichkeiten, Veranstaltungskalender ...), Einkauf (Bestellanforderungen, gemeinsame Freigabe von Einkaufsaufträgen ...), Kundendienst (Qualitätszertifikate, An- und Abmeldung zu Veranstaltungen ...) und Electronic Commerce (Produktkatalog, Online-Geschäft, Generierung und Status von Kaufaufträgen ...). Diese Daten werden durch die Anbindung an das Internet allen anderen Anwendungen zur Verfügung gestellt, was ein schnelles und abgestimmtes Feedback an die Geschäftspartner erlaubt [*Alpar, P.* (1998), S. 262 f.].

Dieser tiefgreifende und kostenintensive Ansatz ist allerdings mehr für große Unternehmen geeignet als für kleine Filialunternehmen des Küchenfachhandels. Hier bietet sich der Einsatz von spezieller Software für den E-Commerce, den sogenannten E-Commerce

Servern an. E-Commerce wird definiert als elektronisch unterstützte Abwicklung von transaktionsorientierten Geschäftsprozessen über ein Netzwerk wie das Internet oder Online-Dienste [*Rieke, H./Stein, I.* (1998), S. 52]. Was so trocken klingt, läßt sich auch folgendermaßen beschreiben: „Es gibt keine Downzeiten, keinen Ladenschluß. Selbst wenn alle Mitarbeiter und Marktteilnehmer ihre physischen Lokationen verlassen haben, handeln die Computersysteme weiter. Bestellungen gehen ein, Verfügbarkeiten werden geprüft, Lieferungen automatisch avisiert, Rechnungen und Gutschriften validiert und ausgetauscht. Neben Händlern, Käufern und Verkäufern agieren Softwareagenten weltweit und sorgen für das Matching von Angebot und Nachfrage. Koordinatoren virtueller Gemeinschaften sorgen im Netz für die optimale Befriedigung von Kundenwünschen. Netzbroker sichten Angebote, fassen diese zusammen und stellen sie gebündelt im On-line-Schaufenster ihrer Virtual Community dem mächtigen Club der Konsumenten zur Verfügung. Die vernetzten Kunden werden sich darüber hinaus gegenseitig mit weiteren Informationen ausstatten. Märkte scheinen sich umzudrehen, die Geschäftsmacht geht tendenziell auf die Kunden über [*Illik, A.* (1998), S. 11]."

Als Gründe für den Einsatz von E-Commerce-Lösungen werden aus Sicht der Unternehmen vor allem mediengerechte Aufbereitung und Unternehmensimage genannt *(Abb. 22)*. Das ergab eine Studie, die das Marktforschungsunternehmen NetWorks 1998 durchführte und dabei 200 deutsche Handelsunternehmen befragte [o. V. (1998), S. 26].

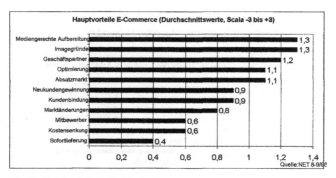

Abb. 22: Hauptvorteile für E-Commerce

Daß der E-Commerce bis zu diesem Zeitpunkt bei den befragten Unternehmen wenig Priorität hatte, zeigt die Aussage, daß 134 der 200 befragten Unternehmen weder ein E-Commerce-Angebot eingeführt haben, noch eines aber vor allem mit einem zu geringen Nutzungspotential *(Abb. 23)*. planen. Begründet wurde die Zurückhaltung mit noch nicht gelösten Sicherheitsproblemen,

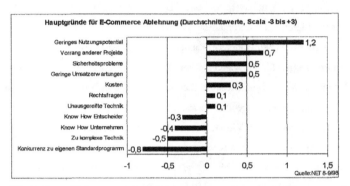

Abb. 23: Hauptablehnungsgründe für E-Commerce

Eine etwas aktuellere Studie der Meta-Group kommt zu positiveren Einschätzungen [o. V. (1999e), S. 40]. Dabei wurden 980 deutsche Unternehmen nicht nur nach Einsatz und Planung ihrer E-Commerce-Lösungen befragt, sondern auch nach ihrer Meinung zu den derzeitigen und zukünftigen Umsätzen. Die Umfrageergebnisse erzielten eine bemerkenswerte Spannbreite: von weniger als 100. Mio. DM bis zu 100 Mrd. DM *(Abb. 24)*. Diese Daten spiegeln die Unsicherheit des Marktes wieder.

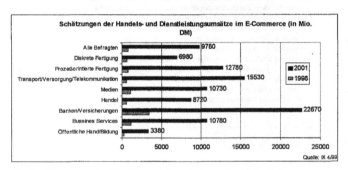

Abb. 24: Schätzungen der Handels- und Dienstleistungsumsätze im E-Commerce

Unternehmen, die E-Commerce bereits einsetzen, hoffen laut dieser Studie auf einen schnellen Durchbruch. 34 Prozent waren nach eigenen Angaben bereits in den ersten zwölf Monaten profitabel. Von den Firmen, die E-Commerce-Lösungen planen, rechnen 41 Prozent mit Gewinnen innerhalb der ersten beiden Betriebsjahre. Neun Prozent dagegen sehen auf absehbare Zeit keine Gewinne. Die Meta-Group selbst erwartet 1999 einen Handelsumsatz von 1,6 Mrd. DM im Business-to-Consumer-Bereich und von 6 Mrd. DM im Business-to-Business-Bereich.

Auch für den Küchenfachhandel ist der Weg von der selektiven Internetnutzung für bestimmte Aktivitäten zu einer E-Commerce-Lösung in Form eines Online-Shops vorgezeichnet. Die Online-Shops werden allerdings kein Ersatz für die herkömmlichen Küchenstudios sein, können aber durchaus einen zusätzlichen Vertriebsweg darstellen. Für planungsintensive Einbauküchen wird dies erst der Fall sein, wenn adäquate Möglichkeiten der Visualisierung, Kommunikation und Interaktion *(Abschn. 6.2.2)* realisierbar sind. Schon heute sind jedoch im Business-to-Consumer-Bereich folgende Szenarien für die Existenz von Online-Küchen-Shops denkbar:

- Der Kunde plant die Küche mittels vom Händler zur Verfügung gestellter Software zu Hause selbst, nachdem er sich im Studio eine Küchenfront ausgewählt hat, und übergibt die Daten (Typenliste) via Internet an den Online-Shop.

- Der Kunde wählt sich im Studio eine Front aus, übergibt dort bzw. via Internet seinen Grundriß. Der Händler stellt ein Angebot als Grafik und Typenliste auf eine nur für den Kunden zugängliche Seite ins Internet. Der Kunde trifft zu Hause die Kaufentscheidung und übergibt die Typenliste an den Online-Shop.

- Standardisierte Küchenblöcke, Elektrogeräte, Küchenzubehör und Cross-Selling-Produkte können auch ohne großen Erklärungsbedarf und Visualisierung mittels Online-Shop vertrieben werden.

- Für institutionalisierte regelmäßige Abnehmer wie bspw. Architekten und Bauträger, die i.d.R. keine Beratung benötigen, stellt der Online-Shop einen Service dar, der das Ordern von Küchen einfach und ohne großen Zeitaufwand ermöglicht. Die Angebote können auf die Kundenbedürfnisse individuell zugeschnitten werden.

Im Business-to-Business-Bereich ist die Situation einfacher, da die Beratung und Auswahl wegfällt. Es müssen lediglich strukturierte Geschäftsdaten (Bestellungen, Zahlungsbedingungen, Rechnungen, Überweisungen usw.) übertragen werden, wofür mit EDI-FACT (Electronic Data Interchange for Administration, Commerce und Transport) ein Standard vorhanden ist, der bereits in den gängigen betriebswirtschaftlichen Modulen der Küchenplanungssoftware integriert ist.

Eine wirklich ganzheitliche E-Commerce-Lösung im Bereich des Küchenfachhandels wird es allerdings niemals geben, da die Distribution immer physisch (und nicht digitalisiert) stattfinden muß.

6.4 Unterstützende Aktivitäten

6.4.1 Beschaffung

Beschaffung ist die qualitative und quantitative Versorgung eines Unternehmens mit Material auf wirtschaftliche Weise. Nach Art der Beschaffungsobjekte läßt sich folgende Einteilung erstellen [Lexikon der Betriebswirtschaft (1996)]:

- Beschaffung von materiellen Realgütern,

    - Beschaffung unbeweglicher Realgüter (Grundstücke, Anlagen),

    - Beschaffung beweglicher Realgüter (Roh, Hilfs- und Betriebsstoffe),

- Beschaffung von immateriellen Realgütern (Arbeitskräfte, Dienste, externe Informationen).

Die gegenwärtige Entwicklung der Beschaffungspolitik wird von zwei Trends geprägt. Zum einen versuchen die Unternehmen die Zahl der Lieferanten zu verringern, was zu Kostenersparnissen führt (geringere bestellfixe Kosten, Reduzierung der Suche nach geeigneten Lieferanten, höhere Mengenrabatte). Zum anderen führt die Konzentration auf die Kernkompetenz durch das Outsourcing dazu, daß das Beschaffungsvolumen zunimmt. Dies kann man zu der Aussage zusammenführen, daß die Bedeutung der operationalen Entscheidungen im Einkaufsbereich tatsächlich abnimmt, wenn nicht gar automatisiert wird, die Auswahl der Lieferanten jedoch zu einem der wichtigsten Gesamterfolgsfaktoren wird [*Alpar, P.* (1998), S. 279].

Das Internet ist bei der Beschaffung aller o.g. Arten von Beschaffungsobjekten dienlich. Besonders lang ist die Liste der Güter, deren Bestellung inklusive Abwicklung über das Internet realisiert werden kann: Bürobedarf, Computerequipment, Instandhaltungsbedarf oder elektronische Komponenten. Dies alles sind geringwertige Güter, die zwar vergleichsweise wenig Wert haben, im Einkauf aber etwa 80 Prozent des Beschaffungsvolumens darstellen. Genau diese sogenannten C-Teile machen nun das Segment aus, in dem sämtliche Prozesse durch direkten Zugang zum Lieferanten effizienter gestaltet werden können.

Die Effizienz ergibt sich durch die leichtere Informationsbeschaffung über Firmen und Märkte, wodurch bessere und billigere Lieferanten leichter auszumachen sind, vor allem aber durch die Nutzung des Internet als Plattform für den elektronischen Datenaustausch (EDI), der im vorangegangenen Kapitel schon erörtert wurde.

Ein Beispiel dafür, wie weitgehend die Möglichkeiten sind, ist die Neu-Isenburger Lufthansa-Tochter AirPlus Servicekarten GmbH [http://www.airplus.de], welche die Idee des Einkaufs via Web inzwischen kurzerhand zu einem eigenen Service ausgebaut hat und seit Juli ein Einkaufssystem für Dritte anbietet. Mit der Internet-Bestellösung "Pronet" und dem Abrechnungssystem "Purchasecard" wird eine Komplettlösung zur Optimierung des internen Bestellwesens offeriert, von dem sowohl das bestellende Unternehmen als auch der Lieferant durch Kostenersparnis und Effizienzsteigerung profitiert.

Die Chancen für den Küchenfachhandel bei der Nutzung des Internet im Beschaffungsbereich liegen auf der Hand. Sowohl bei der Lieferantenauswahl als auch bei der Abwicklung der Bestellungen mittels EDI ergeben sich Nutzungspotentiale. Darüber hinaus eignet sich das Internet zur Beschaffung der sonstigen benötigten Objekte, wie Computer, Büromaterial, Hilfs- und Betriebsstoffe, Dienstleistungen von Werbeagenturen, Computerdienstleistungen, Transportdienstleistungen, Ersatzteile etc.

6.4.2 Technologieentwicklung

Die Zuordnung der Funktionen zur Technologieentwicklung sind noch weniger eindeutig als bei der Querschnittsfunktion Beschaffung, da eine Abgrenzung zu den primären Aktivitäten kaum möglich ist. Prinzipiell kann man sagen, daß das Internet als ursprünglich rein wissenschaftliches Kommunikationssnetz für die Unterstützung der Aktivitäten der Produkt- und Verfahrensforschung sehr gut geeignet ist. In der Küchenbranche allerdings wird die Anwendung eher in der Industrie größere Bedeutung erlangen als im Fachhandel. Was Informationssysteme in der Eingangs- und Ausgangslogistig, CAD-Systeme, Qualitätsmanagement und die weiteren in der Wertschöpfungskette eines Küchenfachhändlers genannten Aktivitäten anbelangt, so wird das Internet weniger zur Beteiligung an Forschung und Entwicklung genutzt werden, sondern eher als Informationsquelle dienen, um jeweils auf dem aktuellen Stand der Technik zu sein. Daraus leitet sich dann der nächste Schritt ab, eine Entscheidung über die praktische Verwendung, wie z.B. Investitionen in Anlagegüter, Anpassung der innerbetrieblichen Vorgänge, Aktualisierung des Poduktkataloges etc., zu finden.

Die auch in diesem Bereich gehörende Marktforschung allerdings verdient wegen ihrer Bedeutung für den Küchenfachhandel eine ausführlichere Erwähnung.

Unter Marktforschung versteht man die Sammlung und Verarbeitung von dem Markt entnommenen Daten für beliebige Zwecke, was eng mit dem Begriff der Marketingforschung verwandt ist, der die Sammlung und Verarbeitung beliebiger Informationen für absatzpolitische Zwecke beinhaltet [*Böcker, F.* (1996), S. 111]. Da sich jeweils große inhaltliche Schnittmengen ergeben, wird im folgenden der Begriff Marktforschung als Synonym verwendet.

Der Marktforschungsprozeß ist in verschiedene Phasen eingeteilt, wobei sich das größte Potential für den Einsatz des Internet in der Datenerhebung ergibt. Die Art der Daten lassen sich in Sekundär- und Primärdaten unterteilen, wobei bei letzteren auch noch die Erhebungsmethoden unterschieden werden. Wie auch bei der internetexternen Marktforschung ist die wichtigste Methode sicherlich die Befragung. Gegenüber der schriftlichen, telefonischen oder persönlichen Befragung kann man Daten über das Internet mit deutlich geringerem Aufwand und in kürzester Zeit erheben, wobei räumliche und zeitliche

Zwänge keine Rolle spielen. Außerdem ermöglicht der elektronisch vorliegende Fragebogen eine automatische Weiterverarbeitung und erspart somit Interviewer und manuelle Erfassung.

Neben diesen Vorteilen gibt es auch kritische Fragen [*Janik, J.* (1998), S. 30]:

- Wie ist die Qualität jener Daten einzuschätzen, die ausschließlich online erhoben wurden?

- Ist es möglich, im Internet repräsentative Stichproben zu ziehen?

- Wie ist das Problem der Selbstselektion der Befragten zu lösen?

Die Fragen sind berechtigt, denn die Teilnehmer von Online-Studien rekrutieren sich meist aus Besuchern der betreffenden Web-Site oder müssen über Links eingefangen werden. Eine Alternative liegt darin, den Fragebogen in Form einer E-Mail an per Zufall ausgewählte Nutzer zu schicken. Allerdings widersprechen unaufgeforderte E-Mails der sogenannten Netiquette und dürften zu Akzeptanzproblemen führen. Außerdem trifft man auch hiermit nur die Gesamtheit der Internet-Nutzer, was weiterhin Zweifel an die Repräsentativität beinhaltet. Dennoch kann die Online-Befragung eine interessante Erhebungsmethode sein, wenn das Profil der Internet-Nutzer von der Zielgruppe nicht zu deutlich abweicht (was beim Küchenfachhandel der Fall ist).

Auch das Instrument der Beobachtung kann im Internet Anwendung finden, z.B. indem man das Informationsnachfrageverhalten der Internet-Nutzer analysiert.

Bei der Sekundärerhebung sind die Daten bereits erhoben und werden von entsprechenden Anbietern meist in Form von Datenbanken zur Verfügung gestellt. Diese zum größten Teil kommerziellen Anbieter haben ihre Daten aus internetexternen Quellen erhoben und bieten diese über entsprechende Schnittstellen auch im Internet (meist gegen Gebühren) an.

Besonders für den Küchenfachhandel interessant ist die Möglichkeit, im Internet Dienstleister zu finden, die auf bestimmte Rechercheobjekte spezialisiert sind. Diese können somit sehr effizient dem eher individuellen Informationsbedarf der Küchenhändler entsprechen. Einen umfassenden Überblick über Informationsanbieter mit ihren speziellen

Dienstleistungsangeboten erhält man in den thematisierten Internetkatalogen bspw. bei Yahoo [http://www.yahoo.de/Handel_und_Wirtschaft/Firmen/Information/Informations_Broker].

6.4.3 Personalwirtschaft

Die Personalwirtschaft umfaßt betriebliche Aktivitäten von der Personalbeschaffung und Personalauswahl über Personaleinsatz, Personalentwicklung bis hin zur Personalfreisetzung [Lexikon der Betriebswirtschaft (1996)].

Besonders bei der Personalbeschaffung und -auswahl ergeben sich spezifische Unterstützungsmöglichkeiten durch das Internet. Auf dem nationalen Jobmarkt im Internet lassen sich grob vier Arten von Anbietern unterscheiden [*Jäger, M.* (1998), S. 16]:

- Kommerzielle Stellenanbieter im Internet, sogenannte Jobbörsen,

- Nicht kommerzielle Stellenanbieter im Internet, insbesondere Hochschulen und andere öffentliche Institutionen,

- Verlage, die Stellenanzeigen nicht nur über ihre Printmedien, sondern auch im Internet plazieren sowie

- Unternehmen mit eigener Internetadresse, die ihre offenen Stellen über die eigene Homepage offerieren.

Während die ersten beiden Formen lediglich geringere Kosten für eine Anzeige im Vergleich zu den Printmedien bedeuten und mit der dritten Form nur eine größere Reichweite des Angebots verbunden ist, ergibt sich ein großes Rationalisierungspotential für die Personalabteilungen von Unternehmen, welche Stellenangebote auf die eigene Homepage plazieren.

Denn das Internet, das international, attraktiv und interaktiv ist, zielt genau auf die Bewerbergruppe, die meistens gesucht wird: junge, kommunikationsfreudige und aufgeschlossene Menschen. Es können aktuelle Arbeitsproben eingeholt sowie Initiative und Teamgeist geprüft werden. Nebenbei wird mit dieser Form der Bewerbungsmöglichkeit auch noch das Unternehmensimage gepflegt [*Holthoff, M.* (1998), S. 16].

Um für die Unternehmen den Bearbeitungsaufwand und somit die Kosten zu reduzieren, ist es notwendig, das eigentliche Bewerbungsverfahren zu virtualisieren. Das heißt, die Bewerbung über das Medium Internet direkt entweder über E-Mail und/oder mittels im Internet abgelegten Bewerberfragebogen abzuwickeln.

Vielen Unternehmen fehlen jedoch die technischen Voraussetzungen und das know-how für eine virtuelle Bewerberabwicklung. Außerdem sind es die meisten Unternehmen noch nicht gewohnt, Online-Bewerbungen über E-Mail oder Internet-Fragebogen zu administrieren und zu bewerten. Das ist eigentlich unverständlich, denn 3.000 Bewerbungen auf eine Anzeige bei Einstiegspositionen sind bei attraktiven Arbeitgebern keine Seltenheit. Solche Unternehmen kommen leicht auf die Administration von 10.000 Bewerbungen pro Jahr. Auf der anderen Seite beschweren sich Bewerber über eine mehrmonatige Bearbeitungsdauer bei den Unternehmen und über mangelnde Information über den Verlauf des Bewerbungsverfahrens. Zudem werden von vielen Bewerbern bis zu 100 Bewerbungsmappen bis zum ersten Job verschickt.

Online-Bewerbungen erleichtern für beide Parteien den Bewerbungsprozeß. Zunächst informieren sich die Bewerber im Internet über die vakanten Positionen. Anschließend haben sie die Gelegenheit, anhand eines für jede Position formulierten Self-Assessments die Übereinstimmung ihrer Qualifikation mit den Schlüsselsanforderungen der Position zu überprüfen. Danach füllen sie einen detaillierten Fragebogen mit ihren bewerbungsrelevanten Daten aus und schicken ihn online zum Unternehmen ab.

Der ausgefüllte Fragebogen wird automatisch auf dem unternehmenseigenen Server gespeichert und steht den Personalverantwortlichen in einer Datenbank zur Verfügung. Jegliche manuelle Dateneingabe entfällt. In der Datenbank kann von den Fachleuten eine Selektion nach verschiedenen Qualifikationskriterien vorgenommen werden, um die Vorauswahl der geeignetsten Kandidaten für die zu besetzende Position durchzuführen. Je nach Wunsch der Verantwortlichen kann dann von den entsprechenden Kandidaten die Bewerbungsmappe per E-Mail angefordert werden bzw. sie werden aufgefordert, diese zum Gespräch mitzubringen.

Daß Online-Bewerbungsmöglichkeiten angenommen werden, zeigen Ergebnisse von Umfragen. 40 Prozent der Hochschulabsolventen bewerben sich schon online. 67 Prozent der Befragten finden das Bewerbungsverfahren via Internet praktisch und zeitökonomisch, 59 Prozent zukunftsweisend. Lediglich 15 Prozent sehen es problematisch und führen dies in erster Linie auf Sicherheitsaspekte bei der Datenübertragung zurück. Dieses Problem läßt sich aber mit verfügbaren Verschlüsselungstechniken beseitigen [*Jäger, M.* (1998), S. 18].

Vor allem aber lassen sich für die Unternehmen spürbare Zeit- und Kostenvorteile realisieren. Eine Untersuchung auf Basis der Prozeßkosten belegt einen Effizienzvorteil der virtuellen Bewerberabwicklung gegenüber der traditionellen von mindestens 1:8 (Zeit/Kostenvorteil). Auf einer Basis von 100 Bewerbungen ist das in Arbeitszeit gerechnet ein Vorteil von bis zu 60 Stunden [Ebd.]. Daß sich nicht nur quantitative, sondern auch qualitative Vorteile ergeben, wird von den Unternehmen ebenfalls bestätigt. Mittels Online-Stellenanzeigen erhöht sich die Reichweite erheblich und somit die Wahrscheinlichkeit, von vornherein eine größere Anzahl dem Anforderungsprofil entsprechender Interessenten in den Bewerbungsprozeß einzubeziehen. Aber letztendlich auch den richtigen Bewerber für die Position auszuwählen, wird somit erleichtert, was beispielhaft die Aussage eines Personalverantwortlichen der Zahnradfabrik Friedrichshagen belegt: „Trotzdem kannten wir die Kandidaten besser als je zuvor. Die Entscheidungsgrundlagen waren vergleichbarer, vollständiger und eindeutiger." [*Holthoff, M.* (1998), S. 17]

Wie zuvor angedeutet, nutzen viel zu wenige Firmen die Möglichkeiten, die das Internet bei der Personalbeschaffung bietet. Daß es funktioniert und wie man es realisiert, zeigen vor allem Unternehmen, für die eine solche Vorgehensweise aufgrund ihrer Größe, ihrer Geschäftsfelder und aus Imagegründen unverzichtbar ist: z.B. die Managemententwicklung des Medienkonzerns Bertelsmann [http://www.zm.bertelsmann.de/] oder auch der Hersteller betriebswirtschaftlicher Software SAP AG [http://www.sap-ag.de/].

Es stellt sich allerdings die Frage, ob sich für einen Küchenfachhändler der Aufwand lohnt, Personal via Internet zu rekrutieren. Denn einerseits ist bei Unternehmen dieser Größenordnung der Bearbeitungsaufwand für Personalbeschaffung vergleichsweise gering. Aber andererseits sind die Kosten für eine Stellenausschreibung in den Printmedien erheblich und außerdem sind vor allem qualifizierte Küchenfachberater schwer zu finden, was damit zusammenhängt, daß es keine entsprechende Berufsausbildung gibt. Bei Küchenfachhändlern, die sowieso im Internet präsent sind, sollten auf jeden Fall Online-

Stellenausschreibungen, wenn nicht gar die virtuelle Bewerberabwicklung in die Überlegungen einbezogen werden.

Bei der Personalentwicklung, die zu einem großen Teil Aus- und Weiterbildung beinhaltet, hat das Internet ebenfalls ein großes Potential. Es gibt schon Universitäten, die ganze Veranstaltungen und Studiengänge über das Internet abwickeln, z.B. die FernUniversität Hagen [https://vu.fernuni-hagen.de/]. Für den Küchenfachhandel ist es interessant, mittels Internet neueste Informationen über die Produkte der Küchen-, Geräte- und Zubehörhersteller zu beschaffen, was als Produktschulung und somit durchaus als Weiterbildung anzusehen ist. Mit der Erhöhung der Bandbreiten bei der Datenübertragung im Internet wird es auf absehbare Zeit möglich sein, Unterricht an verschiedenen Orten zur gleichen Zeit so zu veranstalten, daß sich alle Teilnehmer gleichzeitig hören und sehen können. Dieses Vorgehen kann dann auch als Ersatz für die kostenintensiven, in den einzelnen Küchenfilialen stattfindenden Produktschulungen der Hersteller Anwendung finden.

Auf den Gebieten der Planung des Personaleinsatzes und der Personalfreisetzung ist wenig spezifisches Potential für das Internet gegeben.

7 Planausführung

Wenn im Unternehmen die Entscheidung gefallen ist, das Internet in die Geschäftsprozesse einzubinden und man sich darüber im klaren ist, welche Aktivitäten unterstützt werden sollen, kann mit der Realisierung der Pläne begonnen werden. Grundsätzlich bietet sich folgendes schrittweise Vorgehen an [*Alpar, P.* (1998), S. 163 ff.]:

1. Auswählen des Projektteams

2. Auswählen des Internetzuganganbieters

3. Anmelden der Internetpräsenz

4. Auswählen der Hardware

5. Auswählen der Software

6. Erstellen des Informationsangebotes

7. Realisierung der Sicherheitsanforderungen

8. Bekanntmachen des Informationsangebotes.

Die Erstellung der Internetpräsenz ist ein einmaliger, zeitlich begrenzter und die verschiedensten Unternehmensbereiche betreffender Vorgang, weshalb es ratsam erscheint, die Planausführung als Projekt abzuwickeln. Die Projektgruppe sollte aus Mitgliedern bestehen, die über Kenntnisse auf den Gebieten Netzwerkadministration, Betriebssysteme, Programmierung, Betriebswirtschaft und kreative Gestaltung verfügen.

Bei der Auswahl des Internetzuganganbieters ist es notwendig, sich Informationen über Kriterien zu verschaffen, die einen Vergleich ermöglichen, wie z.B. Netzwerkzuverlässigkeit, Durchsatzrate, Sicherheit, Kosten etc. Eine Übersicht der meisten Provider, die eine Einwahl in Deutschland ermöglichen, findet man bspw. bei ZDNet [http://www.zdnet.-de/internet/isp/isp-wf.htm]. Hier werden zu über 250 Internetzuganganbieter mit mehr als 2.300 Einwahlknoten sowie alle Informationen wie Geschwindigkeit, Kosten, mitgelieferte Software und Serviceleistungen aufgelistet. Außerdem ist es auf dieser Seite möglich, nach Postleitzahl, Telefonvorwahl, gewünschter Geschwindigkeit und Kostenstruktur geeignete Anbieter aus der Datenbank herauszufiltern. Einige ausgewählte Internetprovider sind in *Abb. 25* mit ihren Leistungsmerkmalen dargestellt:

Name	Preispaket 1	Preispaket 2	Preispaket 3 (Standleitung)	Auslastung des Zugangs	Support	Anmerkungen
ARCOR 0700	0,06 DM pro Minute inklusive Telefongebühren	-	-	im Mittel 30% im Max 60% niemals besetzt	Abrechnung per Zeiteinheit, Kündigung zum Monatsende möglich, hotline: (24h, 12pf/min, nie ausgelastet), support per E-Mail innerhalb 24h	Netz: ARCOR, Telefongesellschaft: Telekom, bundesweit einheitliche Tel.-nummer, 10 E-Mail-Adressen, POP3, 10 MB WebSpace
Snafu - Interactive Networx GmbH & CoKG	12,50 DM / Snafu für 5 Stunden	25,00 DM / Snafu für 25 Stunden, 40,00 DM / Snafu für 80 Stunden	-	-	Probezugang möglich, Kündigung zum Monatsende möglich, hotline: (ohne Mehrkosten, nie ausgelastet), support per E-Mail innerhalb 24h, Installation von Preispaket1 für Anfänger in 15 min möglich, Support	Netz: PSINet, Telefongesellschaft: Telekom

Name	Preispaket 1	Preispaket 2	Preispaket 3 (Standleitung)	Auslastung des Zugangs	Support	Anmerkungen
					auch für MAC-User, Unix-User	
TCP/IP GmbH	35,00 DM/ Monat	2 Euro/ Stunde	ab 1500,00 DM	im Mittel 50% im Max 75% niemals besetzt	Abrechnung pauschal, Probezugang möglich, Kündigung zum Monatsende möglich	Netz: Contrib.Net, Telefongesellschaft: Telekom
tro:net GmbH	5,80 DM Grundgebühr - 3,00 DM/Stunde	79,- DM incl. 35 Onlinestunden und 3 MB WebSpace unter Domain	Standleitung ab 450,- DM/mtl. zzgl. Telekom		Abrechnung per Zeiteinheit, Abrechnung per Datenmenge, Kündigung zum Monatsende möglich, Installation von Preispaket1 für Anfänger in 15 min möglich, Support auch für MAC-User, Unix-User	Netz: European Business Network (EBN), Telefongesellschaft: Telepassport (Call-by-Call), bundesweit einheitliche Tel.-nummer
joice.net GmbH	29,00 DM pauschal, keine Zeit- und Volumenkosten, e-mail, 10 MB Homepage, 35.000 Newsgruppen	39,00 DM pauschal, keine Zeit- und Volumenkosten, eigene Domain, unendlich viele e-mail Adressen, 10 MB Homepage mit unendlich vielen Sub-Domains, 35.000 Newsgruppen	Firmenkomplettservice auf Anfrage	niemals besetzt	Abrechnung pauschal, Probezugang möglich, Kündigung zum Monatsende möglich, support per E-Mail innerhalb 24h, Installation von Preispaket1 für Anfänger in 15 min möglich, Support auch für MAC-User	Netz: dtag, cerfnet, Telefongesellschaft: alle

Abb. 25: Leistungsmerkmale ausgewählter Internetprovider

Einen Überblick über Zugriffszeitanalysen zur Beurteilung der Zuverlässigkeit und des Netzwerkdurchsatzes der Provider bietet InternetSPEED [http://speed.xbaer.com/], *Abb. 26*.

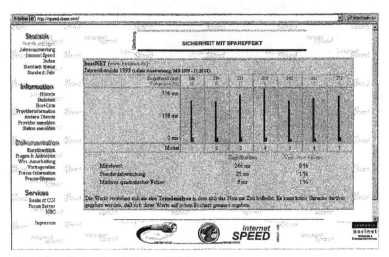

Abb. 26: Zugriffszeitanalyse bei InternetSPEED

Vor der Entscheidung für einen Internetzuganganbieter sollte man sich über die Reputation bei seinen Kunden informieren. Außerdem ist es wichtig, ihn über seine Zukunftspläne zu befragen, denn bei dem stetig steigenden Datenverkehr müssen die Leitungskapazitäten und Zugänge kontinuierlich ausgebaut und dem Stand der Technik angepaßt werden.

Die meisten Unternehmen sind bestrebt, ihre Internetpräsenz unter eigenem Namen auf der obersten Hierarchiestufe der Internetadressen erreichbar zu machen (First-Level-Domain). Eine solche Domain muß registriert und aktiviert werden, so daß der Name weltweit reserviert ist. Eine Registrierung unter der Domain „de" kann entweder vom deutschen Network Information Center [http://www.denic.de/DENICdirect/] vorgenommen werden oder vom jeweiligen Internetzuganganbieter, der allerdings dafür i.d.R. einen höheren Preis berechnet.

Bei der Auswahl der Software geht es darum, zunächst die Betriebssystemumgebung festzulegen (z.B. UNIX, Windows NT, Mac OS) und einen WWW-Server auszuwählen (bspw. von Microsoft, Apache oder Netscape). Desweiteren benötigt man Werkzeuge zum Erstellen und der Verwaltung von Informationsangeboten (bspw. MS Frontpage, Netobjects Fusion, Macromedia DreamWeaver), zum Erstellen von Skripten und interaktiven Seiten (Programmiersprachen wie Perl, Visual Basic, Java) und Werkzeuge zur Implementierung der Sicherheitsanforderungen (z.B. Firewall, Verschlüsselung, Authentifizierung).

Die Konfiguration und Installation der Hardware ist von einer gewissen Komplexität geprägt. Eine detaillierte Erörterung der technischen Realisierung des ein- und ausgehenden Internetverkehrs soll aber nicht Anliegen dieser Arbeit sein. Festzuhalten ist, daß im Prinzip jeder Rechner als Internet-Server eingesetzt werden kann. Je nach erwarteter Abrufintensität des Informationsangebotes ist aber eine möglichst aus mehreren leistungsfähigen Rechnern bestehende Lösung unumgänglich.

Bei der Erstellung des Informationsangebots geht es darum, die in der Planung des Interneteinsatzes *(Abschn. 5)* erarbeiteten Inhalte in einer Web-Site umzusetzen sowie die internetrelevanten wertschöpfenden Aktivitäten einzubinden. Je nach Art des Angebots (von der einfachen Homepage bis zum E-Commerce-Shop) ist der Aufwand dafür sehr unterschiedlich. Hierbei gibt es noch eine Fülle von zu beachtenden Aspekten, die alle darauf hinauslaufen, daß die Benutzer nicht zu lange auf den Seitenaufbau warten müssen (sonst wenden sie sich einer anderen Web-Site zu) und daß die Kompatibilität zu den verschiedenen Internetbrowsern und deren älteren Versionen gegeben ist.

Die von der geplanten Internetnutzung abhängigen Sicherheitsaspekte werden im *Abschn. 9* dargestellt.

Auf welchem Weg das Informationsangebot bekannt gemacht wird, ist auch abhängig davon, um welche Form von Web-Sites es sich handelt *(Abschn. 5)*. Zunächst bietet es sich an, den Firmennamen als Domain zu wählen (www.firmenname.de), um dem Benutzer zu ermöglichen, die Internetadresse nicht nur über eine Suchmaschine zu finden, sondern auch zu erraten. Auf jeden Fall ist dafür zu sorgen, daß die Web-Site bei den wichtigen Suchmaschinen eingetragen (indiziert) ist. Dazu gehört, daß man sie mit einer aussagekräftigen Beschreibung versieht, die den Nutzer stimuliert, die im Suchergebnis meist unter sehr vielen aufgeführte Seite auch aufzurufen. Außerdem ist zu beachten, daß man im Quelltext der Seiten entsprechende Stichwörter (Metatags) unterbringt, nach denen die Suchmaschinen die Indizierung vornimmt. Je individueller und genauer man die Stichwörter auswählt, um so bessere Chancen hat man, im Ergebnis einer Suchmaschinenabfrage auf Seite 1 zu stehen und somit überhaupt wahrgenommen zu werden. Das zeitaufwendige manuelle Eintragen in die Suchmaschinen läßt man besser maschinell erledigen; entweder durch entsprechende Softwareprogramme oder von (oftmals kostenlosen) Dienstleistern, bspw. bei Bannex Submition Service [http://www.bannex.de/such-maschine/]. Eine weitere Möglichkeit zur Bekanntmachung der Web-Site besteht darin, bei anderen Informationsanbietern Bannerwerbung unterzubringen *(Abschn. 6.1.1.1)*. Schließlich kann man auch mittels klassischer Medien (Presse, Rundfunk, Fernsehen ...) für sein Internetangebot werben.

Das in diesem Abschnitt dargestellte schrittweise Vorgehen kann vom Küchenfachhändler mit Internetambitionen in gleicher Form übernommen werden; unabhängig davon, für welche zu unterstützenden Aktivitäten der Wertschöpfungskette er sich entschieden hat. Im Gegensatz zu den großen Unternehmen mit entsprechendem know-how und Ressourcen ist er bei der Umsetzung aber auf externe Beratung und Unterstützung angewiesen. Auch dafür gibt es mittlerweile unzählige spezialisierte Dienstleister. Derzeit sind bspw. beim deutschen Internetkatalog WEB.DE [http://www.web.de] in der Rubrik Internet/Service mehr als 8.000 Dienstleister registriert. Vor allem, wenn bei einem kleinen Filialunternehmen an ein E-Commerce-System gedacht ist, wird der Aufwand für eine selbstentwickelte Lösung unvertretbar sein. In diesem Fall besteht die Möglichkeit, fertige Shopsoftware zu kaufen oder einen Online-Shop zu mieten. Je nach Budget hat man die Wahl von der professionellen High-End-Lösung bis zum Gratis-Shop-System.

8 Kosten

In den vorangegangenen Abschnitten wurden bereits einige Kosten (für Provider, Shopsoftware, Werbung) aufgeführt, welche im Zusammenhang mit der Internetintegration auftreten. Dennoch blieb bisher die Frage unbeantwortet, mit welchen Kosten ein Küchenfachhändler insgesamt rechnen muß. Das Spektrum der Antwort läßt sich sehr breit fächern: von beinahe kostenlos für eine statische Homepage bis zu mehreren 100.000 DM für ein komplettes E-Commerce-System.

Diese Aussage ist selbstverständlich viel zu allgemein, deshalb sei hier versucht, für drei im Küchenfachhandel denkbare Szenarien die Kosten abzuschätzen.

8.1 Einfache Internetpräsenz

Darunter soll verstanden werden, daß der Küchenfachhändler über eine Homepage verfügt, welche die klassischen wertschöpfenden Aktivitäten des Unternehmens wie das Marketing unterstützt und somit der Selbstdarstellung und Information dient. Hierbei sollten aber schon interaktive Elemente integriert sein, bspw. Formulare für Ersatzteilbestellung, Vereinbaren von Terminen, Checklisten für die Erstellung eines Angebotes etc.

Da das know-how für die Erstellung und Pflege einer solchen dynamischen Internet-Site im Unternehmen in den wenigsten Fällen vorhanden sein wird, müßte dafür ein externer Dienstleister in Anspruch genommen werden. Für diese Art von Dienstleistung berechnet die Firma IDP-Design [http://www.idp-design.de/], die als repräsentatives Beispiel angenommen werden soll, 580 DM. Der Preis umfaßt folgende Leistungsmerkmale: Planung der Präsentation (Text, Grafiken, max. 10 Seiten), Entwurf und Präsentation des Seitenlayouts, Programmierung und Einbindung gewünschter CGI- bzw. Java-Programme, Transfer auf den gewünschten Internet-Server, Eintrag der Seiten in die wichtigsten deutschen Suchmaschinen, Reservierung der gewünschten Domain. Zuzüglich fallen monatliche Kosten für das Providing in Höhe von 46,40 DM und 15 DM für Wartung und Pflege an. Die Kosten für die eigene (Top-Level-) Domain belaufen sich auf rund 500 DM jährlich [*Kossel, A./Wronski, H.-J.* (1998), S. 150]. Hinzu kommen noch die Kosten für den Internetprovider *(Siehe Abschn. 7)* und Verbindungskosten (keine Standleitung), welche mit 1.000 DM jährlich wohl realistisch angesetzt sind. Ausgaben für das Publikmachen des Angebots (Bannerschaltung, externe Werbung) werden an dieser Stelle vernachlässigt.

Zusammengerechnet ergäben sich also ca. 600 DM Einrichtungs- und 2.400 DM jährliche Unterhaltskosten.

8.2 E-Commerce-System

Auch wenn E-Commerce im Küchenfachhandel aus mehrfach genannten Gründen derzeit noch kein Thema ist, so wurde doch gezeigt *(Abschn. 6.4)*, daß bereits heute schon Konstellationen denkbar sind, die für spezielles Küchensortiment bzw. für bestimmte Klientel E-Commerce nicht nur im Business-to-Business-, sondern auch im Business-to-Consumer-Bereich erlauben. Da auch hier die Entwicklung einer eigenen Lösung über die Ressourcen des Küchenfachhändlers hinausgehen bzw. eine kostenlose Software kaum anpassungsfähig genug sein wird, ist das Mieten eines Online-Shops ratsam.

Mietshops unzähliger Dienstleister bieten Einsteigerlösungen sehr preiswert an (ab 99 DM/Monat). Die Kosten steigen dann aber relativ schnell, wenn bestimmte Leistungen wie Beratung, Aktualisierung, Administration, Corporate Identity entsprechendes Layout, Anbindung an bestehendes Warenwirtschaftssystem usw. gefordert werden. Desweiteren können die Kosten von Transfervolumen, Umsatz, Anzahl der Artikel, Bezahlmöglichkeiten etc. abhängig sein [*Lange, B./Strube, K* (1999), S. 79 ff.]. Ein Leistungsumfang, der für einen Küchenfachhändler zumindest am Anfang ausreichend ist, kostet ca. 2000 DM Einrichtungsgebühren und 500 DM monatlichen Unterhalt. Die Katalogdaten liegen dann in einer Datenbank vor, und der Händler hat online Zugriff, um schnelle Korrekturen vorzunehmen. Präsentation, Suchmöglichkeiten, Warenkorb entsprechen hierbei den Mindestanforderungen [*Kossel, A./Wronski, H.-J.* (1998), S. 150].

Geht man von diesen Zahlen aus und berücksichtigt wiederum Gebühren für eigene Domain und Online-Verbindung, so belaufen sich die Kosten für ein E-Commerce-System auf mindestens 2.000 DM für die Einrichtung und 7.500 DM jährlicher Unterhalt.

8.3   VR-Lösung

Um über ein E-Commerce-System hinaus auch die Aktivitäten der internen Operationen (also Planung und Verkauf einer Einbauküche) mittels Internet zu unterstützen, sind wie im *Abschnitt 6.2.2* erläutert, Lösungen notwendig, die dem Kunden ermöglichen, die Küche am heimischen PC selbst zu planen. Allerdings gibt es hierfür noch keine vorzeigbare Software, die über das Prototypstadium hinaugewachsen ist bzw. mehr bietet, als daß der Händler eine Einbauküche als VRML-Objekt ins Netz stellt. In Anbetracht der rasanten Ausweitung der Internetkapazitäten, verbunden mit der Entwicklung von neuen Internet-Technologien *(Abschn. 4.3)* und der Leistungsfähigkeit von Hardware, ist es aber sehr wahrscheinlich, daß in naher Zukunft o. g. Lösungen verfügbar sein werden. Die Kosten hierfür werden sich, angesichts des anhaltenden Preisverfalls in der Telekommunikation und des Wettbewerbs in der Branche der Softwareentwicklung, sicherlich im Rahmen dessen bewegen, was man heute für eine E-Commerce-Lösung ausgibt.

8.4   Ergebnisse einer Umfrage

Daß die zuvor dargestellten Kosten realistisch sind, belegen die Ergebnisse einer Umfrage [o. V. (1999g), S. 32], in der Mittelständler mit Internetpräsenz danach befragt wurden, was sie für ihren Internetauftritt ausgeben *(Abb. 27 u. 28)*.

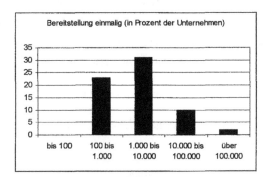

Abb. 27: Einrichtungskosten mittelständiger Unternehmen

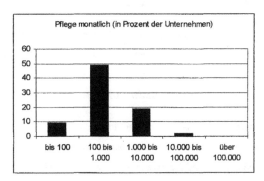

Abb. 28: monatliche Unterhaltskosten mittelständiger Unternehmen

9   Sicherheitstechnische Aspekte

Die vorausgegangenen Ausführungen haben deutlich gemacht, daß viele Potentiale bei der Nutzung des Internet aus Sicht der Anbieter noch nicht ausgeschöpft werden. Abgesehen davon, daß für bestimmte Branchen die kommerzielle Nutzung des Internet als nicht rentabel eingeschätzt wird, gibt es hierfür rechtliche (Datenschutz, Urheberrecht, Vertragsrecht ...) und sicherheitstechnische Gründe. Vor allem aber die mangelnde Sicherheit wird immer wieder als Haupthindernis genannt, wenn danach gefragt wird, warum Unternehmen bisher die Möglichkeiten der kommerziellen Nutzung noch nicht annehmen bzw. warum sich die Nutzer bei Transaktionen via Internet zurückhalten. Die hierbei noch zu beantwortenden Fragen sind in erster Linie:

1. Wie kann man die Unternehmensressourcen vor äußeren Angriffen schützen?

2. Wie sichert man die Internetkommunikation und realisiert rechtssichere Transaktionen?

3. Wie sichert man den Zahlungsverkehr?

9.1   Schutz der Unternehmensressourcen

Es gibt viele Möglichkeiten, die Ressourcen eines Unternehmens in Gefahr zu bringen, wenn dieses Schnittstellen zum Internet geschaffen hat. Zunächst sollen diese Gefahrenquellen (hinter denen sich meist Hacker-Attacken verbergen) genannt und dann Gegenmaßnahmen aufgezeigt werden [*Beskin, J./Beskin, A-M./Marks, S.* (1998), S. 26 ff.].

Bei einem DOS-Anschlag (Denial-of-Service) legt ein Hacker bösartig einen Internetserver lahm, indem er Befehle versendet, die einen Absturz des Servers bewirken oder aber in kurzer Zeit sämtliche Server- und Netzwerkressourcen verbrauchen. Auf diese Weise wird eine Seite für berechtigte Nutzer völlig unerreichbar.

Als Sniffing bezeichnet man das Abhören des Datenverkehrs zwischen einem Server und einem Client. Netzwerkprotokolle versenden Nachrichten und gehen dabei davon aus, daß ausschließlich der Benutzer, für den die Nachricht bestimmt ist, diese auch empfängt. Für einen Hacker ist es jedoch vergleichsweise einfach, einen Rechner zu manipulieren, so daß er die Nachricht abhören kann. Ist das dem Hacker gelungen, kann er diese Informationen verwenden, um sich fälschlicherweise als dieser Benutzer auszugeben (Spoofing). Die Gefahren, die sich daraus für ein Unternehmen ergeben, sind groß. Bspw. kann so die Kreditkartennummer eines Kunden abgehört werden, welcher dann dem Anbieter die Schuld für den Verlust gibt, worunter das Vertrauensverhältnis leidet, was wiederum andere Kunden abschreckt.

Eine weitere Möglichkeit, einen Rechner anzugreifen, besteht darin, daß man sich die allgemein bekannten Sicherheitslöcher der Server-Software zunutze macht. Verbreitet ist auch das schrittweise Heraufsetzen von Zugriffsrechten bis hin zur Administratorebene, indem man betriebssystemspezifische Schwachstellen ausnutzt.

Viele Applikationen auf Internet-Sites verwenden Skripte zur Interaktion. Solche Skripte erlauben die Ausführung bösartiger Befehle, die zur Folge haben können, daß Hacker unberechtigten Zugriff auf das System erlangen.

Auch sei die Möglichkeit genannt, daß Hacker sich den Code von auf dem Server installierten Applikationen herunterladen, diesen dekompilieren (in den Quelltext zurück übersetzen) und somit an subtile Informationen kommen (bspw. Paßwörter, digitale Urkunden, Sicherheitsmaßnahmen).

Gegen die meisten dieser Angriffe ist ein sogenannter Firewall ein geeignetes Abwehrinstrumentarium. Ein Firewall-System schaltet man als eine Art Filter zwischen ein zu schützendes eigenes Netz und ein unsicheres fremdes Netz, so daß der Datenverkehr zwischen beiden Netzen nur über den Firewall möglich ist. Das Firewall-System analysiert die Kommunikationsdaten, kontrolliert die Kommunikationsbeziehungen und Kommunikationspartner, protokolliert sicherheitsrelevante Ereignisse und alarmiert bei Verstößen die oberste Überwachungsinstanz [*Pohlmann, N.* (1999), S. XII].

Eine weitere einfache, aber wirkungsvolle Sicherheitsvorkehrung ist, die „Unsitte" zu verhindern, Paßwörter für eine Datenbank oder für andere Dienste an einer lesbaren Stelle im System abzuspeichern. Die Sicherheit von Netzwerk und Web-Servern läßt sich auch in dem Maß erhöhen, wie Administratoren die Betriebssysteme und die Serversoftware kennen. So kann man bspw. Grenzen für den Ressourcenverbrauch von Speicherplatz, Prozessor- sowie Festplattenzugriff festlegen, um DOS-Angriffe *(siehe oben)* zu vermeiden. Beim Programmieren von Applikationen sind Sicherheitstechniken anzuwenden, die das Risiko eines unbefugten Eindringens reduzieren. Um Datenbankanwendungen zu schützen, sollten die Zugriffsrechte auf das notwendige Minimum beschränkt werden. Das Verwenden eines Backup-Systems ist das wichtigste Mittel, um Kosten durch einen Angriff gering zu halten. Wenn ein System wieder schnell hergestellt werden kann, reduziert sich die Ausfallzeit und keine Daten gehen dauerhaft verloren [*Beskin, J./Beskin, A-M./Marks, S.* (1998), S. 28 ff.].

9.2 Sicherung der Internetkommunikation und -transaktion

Für eine sichere Transaktionsabwicklung und Kommunikation sind drei wesentliche Voraussetzungen zu erfüllen: Die Sicherheit der Informationen während der Übertragung, die eindeutige Bestimmung der Sender- und Empfängeridentitäten sowie darauf aufbauend die vertragsrechtliche Bindung. Das Verschlüsseln von Daten (Kryptografie) stellt eine Lösung für alle drei Problembereiche dar. Als Standard hat sich mittlerweile die sogenannte Public-Key-Chryptographie etabliert. Hierbei werden die Nachrichten vor dem Versenden durch Anwendung entsprechender mathematischer Algorithmen (z.B. RSA oder MD5) so verändert, daß die Empfänger dieser Nachrichten einerseits den Absender einwandfrei identifizieren können (Authentizität), andererseits nachträgliche Manipulationen sofort und zweifelsfrei erkennbar werden (Integrität). Hierbei spricht man von einer digitalen Signatur, mit der das versendete Dokument geschützt wurde [*Kelm, S.* (1998), S. 13].

Die bekannteste Software, die solche Schutzmechanismen anbietet, ist das Programm PGP – Pretty Good Privacy, das außerdem noch den Inhalt jeder Nachricht vor unbefugtem Mitlesen schützt (Vertraulichkeit). Um eine eindeutige Verbindung zwischen einem kryptografischen Schlüssel und einer Person herstellen zu können, werden digitale Zertifikate benötigt, welche die Echtheit eines Public Keys einwandfrei nachweisen. Solche Zertifikate werden von vertrauenswürdigen Zertifizierungsinstanzen (Trust-Center) wie bspw. der DFN-PCA [http://www.cert.dfn.de/] vergeben und bestätigen, daß und vom wem eine elektronische Transaktion getätigt wurde. Ohne den Einsatz solcher vertrauenswürdigen Zertifikate könnten Angreifer von ihnen selbst erzeugte Public Keys mit beliebigen Namen anderer Benutzer veröffentlichen und somit eine falsche Identität der Schlüssel vortäuschen. Die Kombination aus digitaler Signatur und Zertifikat ermöglicht somit eine Sicherheit, die denen der handschriftlichen Unterschrift im herkömmlichen Geschäftsverkehr mindestens vergleichbar, wenn nicht sogar überlegen ist [Ebd.]. Die Voraussetzung für den Erhalt eines Zertifikates ist eine zweifelsfreie Identität. Diese wird entweder auf dem elektronischen Weg oder persönlich geprüft, wobei das Vier-Augen-Prinzip als das sicherste gilt. Möglich ist eine Vergabe von Zertifikaten auch auf Grundlage einer früher erfolgten Identifikation durch eine Bank. Bspw. eignen sich Kreditkarten-PINs zu einer solchen Identitätsprüfung. Zertifikate bleiben aus Sicherheitsgründen maximal 24 Monate gültig. Eine entsprechende rechtliche Basis in Deutschland wurde mit dem Signaturgesetz (SigG) geschaffen [*Lang, F.-J* (1999), S. 74].

9.3   Sicherung des Zahlungsverkehrs

Das Internet bietet ideale Voraussetzungen für den spontanen Kauf: unmittelbar wenn ein Kaufwunsch entsteht, kann dieser erfüllt werden. Angesichts der Sicherheitsprobleme nehmen potentielle Kunden der Online-Shops aber schnell wieder Abstand von einer tatsächlichen Kaufausführung. Für die wachsende kommerzielle Nutzung des Internet wird es deshalb immer bedeutsamer, bequeme, vor allem aber sichere Online-Zahlungssysteme zu entwickeln. Derzeit gibt es schon eine ganze Reihe z.T. sehr differierender Bezahlmöglichkeiten. Die wichtigsten von ihnen sollen im folgenden erörtert werden.

9.3.1 First Virtual Holdings

Dieses System gibt es seit 1994 und basiert auf E-Mail-Kommunikation. Sowohl der Konsument als auch der Händler müssen sich vor der ersten Nutzung bei First Virtual (FV) anmelden, wobei der Konsument ein Paßwort (Virtual-PIN) erhält, nachdem er seine Kreditkartendaten übermittelt hat. Nach Auswahl der Produkte wird der Kunde vom Händler aufgefordert, sein Paßwort einzugeben. Der Händler prüft mit einer Anfrage bei First Virtual, ob die PIN gültig ist. Ist das der Fall, sendet der Händler die bestellten Produkte auf den entsprechenden Distributionswegen. Parallel dazu erhält FV die Transaktionsdetails vom Händler. FV sendet eine E-Mail zur Bestätigung der Transaktion an den Konsumenten. Die Zahlungen werden von FV bis zu 90 Tage kumuliert und erst dann dem Händlerkonto über bestehende Clearingnetze gutgeschrieben. Die 90 Tage dienen als Einspruchsfrist für die Konsumenten.

Die Vorteile dieses Verfahrens liegen in der Einfachheit. Es gibt keine zusätzlichen In-
stallationen und Exportprobleme seitens des Konsumenten. Die Sicherheit besteht im
Medienwechsel durch den Kunden und in der Virtual-PIN. Ein Mißbrauch der PIN wird
durch die E-Mail-Bestätigung verhindert. Problematisch ist, daß schon bei der Registrierung ein Kreditkartenmißbrauch vorliegen kann [*Hammel, C. von/Borcherding, M.*
(1998), S. 38 ff.].

9.3.2 CyberCash

Um mit CyberCash bezahlen zu können, muß sich der Kunde bei seiner Bank schriftlich
anmelden und erhält im Gegenzug ein Zertifikat. Nach der Installation einer entsprechenden Software (CyberCash Wallet) werden die Bestellung und die kritischen Daten ver-
schlüsselt an den Händler übertragen. Dieser prüft die Bestellung und sendet die chif-
frierte Zahlungsaufforderung an CyberCash. CyberCash entschlüsselt die Bestellung und
authentifiziert den Kunden anhand des Zertifikates sowie den Händler als rechtmäßigen
Empfänger der Zahlung. Die Zahlung wird über sichere Leitungen an die Bank des
Händlers weitergeleitet. CyberCash erhält die Zahlung des Kunden entweder über ein
elektronisches Lastschriftverfahren, per Kreditkarte oder über ein bei der Bank einge-
richtetes Schattenkonto (CyberCoin). Als Clearingstelle dient ein CyberCash Gateway-
Server [*Dresen, S./Dunne, T.* (1999), S. 110 ff.].

9.3.3 Secure Electronic Transaction (SET)

SET ist ein sich ständig weiterentwickelnder Bezahlungsstandard, der durch ein Firmen-
gremium unter der Führung von VISA und Mastercard definiert wurde. Das CyberCash-
System und SET sind sich in der Hauptcharakteristik sehr ähnlich. Das Interessante an
SET ist aber die Interoperabilität zwischen den SET-zertifizierten Anwendungen verschiedener Softwarehersteller, wodurch es sich zu einem offenen Industriestandard entwickelt. Das hat zu einer hohen Akzeptanz sowie einer breiten Unterstützung aus der
Industrie (bspw. von Microsoft und Netscape) geführt. Das Verfahren wird derzeit in
einigen Pilotversuchen weltweit getestet [*Wasmeier, M.* (1998), S. 157].

9.3.4 ecash

Ecash ist ein Projekt von der Deutschen Bank und IBM. Als Geldbörse für digitale ecash-Münzen dient die Smart Card „GlobalNetCard". Gefüllt wird diese virtuelle Brieftasche durch Umwandlung von realem Geld zu ecash-Münzen (Buchung gegen das Kundenkonto). Die Münzen repräsentieren dabei lediglich eine beliebige Zeichenfolge, die auf jedem beliebigen Speichermedium abgelegt werden kann. Diese Münzen kann der Kunde nutzen, um im Internet beim Händler einzukaufen. Zum Zeitpunkt der Zahlung schickt der Händler die ecash-Münzen an die herausgebende Bank und läßt überprüfen, ob diese schon einmal ausgegeben wurden. Sind sie gültig, werden sie von der Bank dem Händler gutgeschrieben. Der Vorteil von ecash liegt darin, daß der Händler die Münzen auch direkt verwenden kann und daß zwischen den Konsumenten selbst ein Transfer von Geld realisierbar ist. Desweiteren ermöglicht das System einen anonymen Zahlungsverkehr. Der Nachteil liegt in der z.Zt. noch ungenügenden Größe des Speicherchips auf der Smart Card. Auf ihn passen gerade mal 20 Münzen, das entspricht ca. 10 DM [*Dresen, S.* (1998), S. 97].

9.3.5 Die ZKA-Geldkarte

Dieser vom Zentralen Kreditausschuß (ZKA) für die Bezahlung im stationären Einzelhandel konzipierte Geldkarte wird das größte Potential für den elektronischen Zahlungsverkehr zugetraut. Zur Zeit sind in Deutschland schon mehr als 40 Millionen solcher Karten im Umlauf – ein Potential, das bisher viel zu wenig genutzt wird. Die Besonderheit liegt in der Führung von Schattenkonten in der sogenannten Kartenevidenzzentrale. Beim Laden der Geldkarte wird der Betrag dort auf dem Schattenkonto vermerkt. Zahlungen mit der Geldkarte werden auf einer entsprechenden Händlerkarte gespeichert. Beim Entladen der Händlerkarte werden die gespeicherten Zahlungen mit den Schattenkonten der Geldkarten abgeglichen. Der Kunde benötigt für die Transaktion allerdings ein Kartenlesegerät. Im Rahmen von Homebanking ist das Aufladen der Karte dann für den Kunden sehr einfach zu handhaben.

9.3.6 Fazit

Bisher konnte sich in Deutschland noch keines der verfügbaren Online-Bezahlverfahren durchsetzen. Darüber hinaus gibt es eine Reihe weiterer proprietärer Lösungen (bspw. TeleCash, ECRC, Micropayment,, T-Online Billing, MilliCent) [*Wasmeier, M.* (1998), S. 152 ff.], was eine baldige Standardisierung des elektronischen Zahlungsverkehrs erschwert. Weniger sicher als der konventionelle Zahlungsverkehr sind die Systeme aber nicht, auch wenn das technisch mögliche Sicherheitsniveau noch nicht erreicht ist. Bei Produkten, die einer physischen Distribution unterliegen (was bei Einbauküchen der Fall ist), besteht im Gegensatz zu digitalen Gütern nicht unbedingt die Notwendigkeit einer sofortigen Geldtransaktion. Durch das Zurückgreifen auf bewährte konventionelle Verfahren (z.B. die Bezahlung per Nachnahme) sind sowohl Kunden als auch Händler ausreichend abgesichert. Dennoch – das Wachstumstempo der kommerziellen Nutzung des Internet, wird entscheidend davon geprägt sein, wie schnell sich bequeme und sichere Arten der Online-Bezahlung durchsetzen werden.

10 Zusammenfassung und Ausblick

Die Ist-Situation sowie die zukünftige Entwicklung des Küchenfachhandels ist von einer Reihe positiver und negativer Faktoren geprägt, welche sich insgesamt neutralisieren. Die Stagnation in der Branche läßt sich an den Umsatzzahlen und am BBE-Stimmungsindex, der in den letzten Monaten tendenziell gefallen ist, festhalten. Besonders der Küchenfachhandel in Form kleiner Filialbetriebe leidet unter der Polarisierung des Marktes und unter einem anhaltenden Verdrängungswettbewerb großer Billiganbieter. Während die meisten Fachhändler nach wie vor auf klassische Methoden setzen, um ihre Wettbewerbssposition zu behaupten, bauen nur wenige auf das Internet und nutzen dieses nur als Werbeträger.

Mit der derzeit stattfindenden Revolution des Internet vom reinen Informations- und Unterhaltungsmedium zum Elektronischen Marktplatz ist es für den Küchenfachhandel an der Zeit, über die Einbindung des Internet in die Geschäftsprozesse nachzudenken. Die exponentiellen Wachstumsraten, die der elektronische Kommerz erzielt und die prognostiziert werden, haben sich von der allgemeinen Entwicklung der Kaufkraft abgelöst. Der Markt insgesamt wird nur unwesentlich größer, aber enger. Es liegt also auf der

Hand, daß der stationäre Einzelhandel durch das Internet an Boden verlieren wird. Wer als Handelsunternehmen seine Marktanteile behaupten (wenn nicht gar steigern) will, kommt nicht umhin, den technologischen Fortschritt zu akzeptieren und zu nutzen.

Mit dem Internet haben nun auch die kleinen Unternehmen die Chance, wie die großen auf jedem beliebigen Markt zu agieren, sind aber auf Grund ihrer Größe weitaus flexibler und dadurch schneller in der Lage, Innovationen umzusetzen.

Ein starkes Wachstum im Internethandel wird aber vor allem für den Business-to-Business Bereich erwartet. Der große Vorteil liegt darin, daß die Geschäftspartner einen direkten Zugang zu den für sie interessanten Informationen haben, und ihre Beschaffungskette nach Bedarf organisieren können. Darüber hinaus bieten sich die verschiedensten Möglichkeiten, das Internet für die innerbetrieblichen Aktivitäten zu nutzen.

Ein geeignetes Instrument, um herauszufinden, welche Einsatzpotentiale das Internet für ein Unternehmen bietet, ist die Analyse aller wertschöpfenden Aktivitäten analog *Porters* Wertschöpfungskette. Die Anwendung dieses Ansatzes am Beispiel eines in der Praxis als typisch angenommenen Küchenfachhändlers hat ergeben, daß es zahlreiche Möglichkeiten gibt, das Internet in die Wertschöpfungskette zu integrieren. Das größte Potential liegt derzeit noch im Bereich Marketing und Vertrieb sowie bei der Abwicklung der Geschäftsprozesse mit den Lieferanten. Die absehbare technische Entwicklung, was die Leistungsfähigkeit der PCs, die Lösung der Sicherheitsprobleme, vor allem aber die Vergrößerung der Bandbreiten im Internet anbelangt, läßt allerdings erwarten, daß die visuelle Erfahrung, die beim Einkaufen die größte Rolle spielt, in Zukunft auch im Internet realisierbar ist. Im Küchenfachhandel sind verschiedene Szenarien vorstellbar, die Küchenplanung an sich und die Kaufabwicklung effizienter für den Händler sowie bequemer und transparenter für den Kunden zu gestalten.

Der Küchenfachhandel sollte die Herausforderung Internet annehmen – auch wenn an der Rentabilität der dafür benötigten Aufwendungen noch Zweifel bestehen. Es handelt sich nicht um Luxus, sondern im Gegenteil um notwendige Investitionen. Denn:

„Wir werden uns nicht auf eine Online-Gesellschaft, sondern vielmehr auf die Entstehung eines siebten, eines neuen „virtuellen Kontinents" zubewegen, der weder Zeitzonen noch Grenzen kennt." [*Barrett, C.* (1999), S. 12]

Literatur

Alpar, P. (1998): Kommerzielle Nutzung des Internet, 2. Aufl., Springer-Verlag, Heidelberg u.a.

Altmann, A. (1998): Cyberfabriken – Virtuelle Realität im industriellen Einsatz, in: c't, Heft 15/98, S. 94-97.

Barrett, C. (1999): E-Business: Ein Blick in die Zukunft, in Harvard Business manager, Heft 4/99, S. 9-12, (Barrett ist Vorsitzender der Intel Corp.).

Bauer, K. (1998): Aspekte der endkundengerechten Gestaltung von Benutzungsoberflächen für Präsentations- und Verkaufssysteme mit 3D-Techniken, in: Wirtschaftsinformatik 40 (1998), S. 6-12.

Beskin, J./Beskin, A-M./Marks, S. (1998): Schutzmechanismen für E-Commerce-Systeme, in: Objekt spektrum, Heft 06/98, S. 24-30.

Böcker, F. (1996): Marketing, 6. Aufl., Lucius & Lucius Verlag, Stuttgart.

Bungert, C. (1999): Raumöffner – Räumliches Sehen mit LC-Brillen, in: c't, Heft 7/99, S. 172-178.

Dresen, S. (1998): Abgewogen – ecash, Cybercash und Millicent im Vergleich, in: iX, Heft 05/98, S. 96-98.

Dresen, S./Dunne, T. (1999): Fürs Netz geprägt – Wie CyberCash funktioniert, in: iX, Heft 04/98, S. 110-116.

Emery, V. (1996): Internet im Unternehmen - Praxis und Strategien, Verlag für digitale Technologie, Heidelberg.

Fuzinski, A./Meyer, C. (1997): Der Internetratgeber für erfolgreiches Marketing, Metropolitan Verlag, Düsseldorf u.a.

Geist, M.-R./Popp, H. (1998): Virtual Reality (VR) – Anwendungssysteme zur Verkaufsunterstützung, in: Wirtschaftsinformatik 40 (1998), S. 33-38.

Gleich, U. (1998): Werbung im Internet - Gestaltung und Wahrnehmung, in: Media Perspektiven, Heft 07/98, S. 367-372.

Hammel, C. von/Borcherding, M. (1998): Digitales Geld – Bezahlen im Internet, in: HMD - Praxis der Wirtschaftsinformatik, 199/98, S. 38-52.

Hoffman, D./Novak, T./Chatterjee, P. (1995): Commercial Scenarios for the Web: Opportunities and Challenges, [http://www.ascusc.org/jcmc/vol1/].

Holthoff, M. (1998): Personalmarketing im Internet, in: Business Online, Heft 12/98, S. 16-21.

Huly, H.-R./Raake, S. (1995): Marketing Online - Gewinnchancen auf der Datenautobahn, Frankfurt/Main u.a.

Illik, A. (1998): Electronic Commerce - eine systematische Bestandsaufnahme, in: HMD - Praxis der Wirtschaftsinformatik, 199/98, S. 10-36.

Jäger, M. (1998): Das Internet als Rekrutierungsinstrument, in: Karriereführer Special, Heft 1/98, S. 16-18.

Janik, J. (1998): Köcheln auf kleiner Flamme, in: Business Online, Heft 01/98, S. 30-34.

Kelm, S. (1998): Digitale Signaturen – Sichere Kommunikation für alle Anwender im deutschen Forschungsnetz, in: DFN Mitteilungen, Heft 3/98, S. 13.

Kossel, A./Wronski, H.-J. (1998): Web-Warenhäuser – Erfolgreich verkaufen im Internet, in: c't, Heft 11/98, S. 146-150.

Kuri, J. (1999): Tom Hanks statt Tron – Das Internet vor der Jahrtausendwende, in: c't, Heft 6/99, S. 160-164.

Lang, F.-J (1999): Reality-Check für Cybernauten, in: e-commerce magazin, Heft 3/99, S. 74.

Lange, B./Strube, K (1999): Markteinsichten – Dienstleister und Produkte für Online-Shops, in: c't, Heft 4/99, S. 78-84.

Lexikon der Betriebswirtschaft (1996), *Schenk, H.* (Hrsg.), Beck CD-ROM im dtv.

Myhrvold, N. (1999): "Strumpfhosen liegen vorn" – Interview mit dem Chef Technology Officer von Microsoft, in: Der Spiegel, Heft 11/99, S. 188-198.

o. V. (1996): Küchenhandbuch, Die Planung Verlagsgesellschaft mbH, Darmstadt.

o. V. (1998): Geringer Nutzen - NET-Studie zum Thema E-Commerce, in: NET – Zeitschrift für angewandte Telekommunikation, Heft 8-9/98, S. 23-27.

o. V. (1999a): Kompendium 99, in: DMK, Heft 1/99, S. 19-112.

o. V. (1999b): Quintessenz, in: DMK, Heft 2/99, S. 4-5.

o. V. (1999c): Quintessenz, in: DMK, Heft 4/99, S. 4-5.

o. V. (1999d): Fleißarbeit fürs Küchenimage, in: Der Küchenprofi, Heft 1/99, S. 26-27.

o. V. (1999e): Electronic Commerce: Marktschätzungen schwanken, in: iX Heft 4/99, S. 40.

o. V. (1999f): Quintessenz, in: DMK, Heft 7-8/99, S. 4-5.

o. V. (1999g): Unternehmen & Märkte, in: Der Handel, Heft 11/99, S. 32-33.

Pelkmann, T./Freitag, R. (1996): Business-Lösungen im Internet, Franzis-Verlag, Feldkirchen.

Pohlmann, N. (1999): So sperren Sie Hacker aus, in e-commerce magazin, Heft 1/99, S. XII-XIII.

Porter, M. (1996): Wettbewerbsvorteile, 4. Aufl., Campus Verlag, Frankfurt/Main.

Rieke, H./Stein, I. (1998): Den Nutzer in die Wertschöpfungskette integrieren, in: absatzwirtschaft, Heft 04/98, S. 52-56.

Saad, A./Hevler, A. (1999): Das plastische Panoptikum – Darstellungssystem für dreidimensionale Bilder, in: c't, Heft 7/99, S. 164-171.

Schroeder, M./Kossel, A. (1999): Agenten im Kaufrausch – Perspektiven des Elektronischen Handels, in: c't, Heft 6/99, S. 66-70.

Späth, J. (1999): Mehr Licht! - Photonische Netze: die Zukunft der Kommunikationsnetze, in: c't, Heft 01/99, S. 157-166.

Wasmeier, M. (1998): Web-Währungen – Online Bezahlungsverfahren für E-Commerce, in: c't, Heft 11/98, S. 152-157.

Zimmer, J. (1998): Werbemedium World Wide Web, in: Media Perspektiven, Heft 10/98, S. 498-507.

Zivadinovic, D./ Kossel, A. (1998), Megabit-weise Internet – Dicke Leitungen für jedermann, in: c't Heft 16/98, S. 68-69.

Internetquellen

AirPlus: http://www.airplus.de

Alphaworld: http://www.activeworlds.com

Bannex Submition Service: http://www.bannex.de/such-maschine/

Berlin-Online: http://www.berlinonline.de/

Bertelsmann: http://www.zm.bertelsmann.de/

B-WIN: http://www-win.rrze.uni-erlangen.de

Carat: http://www.carat.de/

Cargex: http://www.cargex.de/

Commerce Net: http://www.commerce.net/stats/

Commercial Scenarios for the Web: http://www.ascusc.org/jcmc/vol1

DFN-PCA: http://www.cert.dfn.de/

Dino-Online: http://dino-online.de/ais-axon/w_preise.html

FernUniversität Hagen: https://vu.fernuni-hagen.de/

GeoTALK: http://www.maponline.com/gps_demo.html

Gesellschaft für Konsumforschung: http://www.gfk.de/

Highway Information: http://www.dot.ca.gov/hq/roadinfo/

hwcom: http://nw.com/zone/WWW/report.html

IAO: http://virtual.design-exhibition.com/

IDP-Design: http://www.idp-design.de/

Internet 2: http://www.ngi.gov

InternetSPEED: http://speed.xbaer.com/

KPS: http://www.shd.de/kreativ.htm

Küchenkontor: http://www.leiseberg.de/welcome1.htm

Listserver Diskussionsgruppen: http://www.tile.net/.tile/listserv/index.html

Network Information Center: http://www.denic.de/DENICdirect/

Next Generation Internet: http://www.internet2.edu

Reiseroute: http://www.reiseroute.de/europ_de.htm

SAP-AG: http://www.sap-ag.de/

Softplan: http://www.moebelsoftware.de/softplan/soft_info1.html

Systecs: http://www.systecs.com/df_kuech.htm

TimeCom: http://www.timocom.de/

vBNS: http://www.vbns.net

WEB.DE: http://www.web.de

Yahoo: http://www.yahoo.de/Handel_und_Wirtschaft/Firmen/Information/Informations_Broker

ZDNet: http://www.zdnet.de/internet/isp/isp-wf.htm

Eidesstattliche Erklärung

Hiermit erkläre ich an Eides Statt, daß ich die vorliegende Arbeit selbständig und ohne unerlaubte fremde Hilfe angefertigt und die den benutzten Quellen und Hilfsmitteln wörtlich und inhaltlich entnommenen Stellen als solche kenntlich gemacht habe.

Wildau, den 28. November 1999

[Unterschrift]

Steffen Kraft

Diplomarbeiten Agentur

Die Diplomarbeiten Agentur vermarktet seit 1996 erfolgreich
Wirtschaftsstudien, Diplomarbeiten, Magisterarbeiten, Dissertationen
und andere Studienabschlußarbeiten aller Fachbereiche und Hochschulen.

Seriosität, Professionalität und Exklusivität prägen unsere Leistungen:

- Kostenlose Aufnahme der Arbeiten in unser Lieferprogramm
- Faire Beteiligung an den Verkaufserlösen
- Autorinnen und Autoren können den Verkaufspreis selber festlegen
- Effizientes Marketing über viele Distributionskanäle
- Präsenz im Internet unter **http://www.diplom.de**
- Umfangreiches Angebot von mehreren tausend Arbeiten
- Großer Bekanntheitsgrad durch Fernsehen, Hörfunk und Printmedien

Setzen Sie sich mit uns in Verbindung:

Diplomarbeiten Agentur
Dipl. Kfm. Dipl. Hdl. Björn Bedey —
Dipl. Wi.-Ing. Martin Haschke ——
und Guido Meyer GbR ————

Hermannstal 119 k ————
22119 Hamburg ————

Fon: 040 / 655 99 20 ————
Fax: 040 / 655 99 222 ————

agentur@diplom.de ————
www.diplom.de ————